RECHTSSCHUTZ BEI „VOLLENDETEN TATSACHEN“

Die „Kommunale Forschung in Österreich“ ist die gemeinsame Schriftenreihe des Instituts für Kommunalwissenschaften und Umweltschutz (Linz), des Kommunalwissenschaftlichen Dokumentations-Zentrums (Wien) und des Instituts für Stadtforschung (Wien).

Diese Arbeit wurde mit Unterstützung des Ludwig-Boltzmann-Instituts
für Boden- und Planungsrecht veröffentlicht

Druck: Druck- und Verlagsanstalt Gutenberg, Linz, Anastasius-Grün-Straße 6
Printed in Austria
Kommissionsverlag: Jugend und Volk Verlags-GesmbH, Wien – München
ISBN 3-7141-7885-6 Verlag für Jugend und Volk, Wien – München
laufende Nummer der Schriftenreihe 47

Herausgeber

Ludwig Fröhler
Herb J. Pindur

Rechtsschutz bei „vollendeten Tatsachen"

47
Institut für Kommunalwissenschaften und Umweltschutz

IKW
Kommunale Forschung in Österreich

Herausgeber:

o. Univ.-Prof. Dr. Ludwig Fröhler, Johannes-Kepler-Universität Linz
Dr. Herb. J. Pindur, Sektionschef im BM für Gesundheit und Umweltschutz, Wien

Autoren:

Dr. Friedrich Panholzer, Univ.-Ass. am Institut für Wirtschaftsrecht der Johannes-Kepler-Universität Linz
Dr. Klaus Mair, Univ.-Ass. am Institut für Wirtschaftsrecht der Johannes-Kepler-Universität Linz
Dr. Ewald Langeder, Univ.-Ass. am Institut für Wirtschaftsrecht der Johannes-Kepler-Universität Linz
Dr. Erich Wolny, Univ.-Ass. am Institut für Wirtschaftsrecht der Johannes-Kepler-Universität Linz

Inhaltsverzeichnis

Vorwort

Im letzten Jahrzehnt hat sich das Bewußtsein der Öffentlichkeit bezüglich der gesundheitlichen Schädigungen und Belästigungen durch Schadstoff-Emissionen oder durch Lärm erheblich geschärft. Der Kreis jener Personen, die sich durch die emittierenden Objekte unmittelbar betroffen sehen und Schutz beanspruchen, ist größer geworden. Der Durchsetzung des Schutzbedürfnisses steht jedoch oftmals die faktische Situation entgegen: Bereits getätigte Investitionen, vor allem bereits errichtete Bauten oder Anlagen, schaffen eine schwer korrigierbare Realität; sie sind geeignet, die nachträglich erforderlichen hoheitlichen Entscheidungen maßgeblich zu beeinflussen. Die Ursache des Entstehens solcher „vollendeter Tatsachen" kann zum einen darin gelegen sein, daß einer Behörde Verfahrensmängel oder Fehler bei der Prognoseentscheidung unterliefen, zum anderen in dem Umstand, daß von Gesetzes wegen der Ausgleich der konfligierenden Interessen zum falschen Zeitpunkt oder überhaupt nicht vorgesehen ist. Der vorliegende Band präsentiert die dazu von wissenschaftlichen Mitarbeitern des Instituts für Wirtschaftsrecht an der Universität Linz im Studienjahr 1978/79 im Rahmen des Seminars über Rechtsfragen des Umweltschutzes (siehe auch die Bände 23 und 39 dieser Schriftenreihe) vorgelegten Untersuchungen.

Linz, im September 1979

L. Fröhler
H. J. Pindur

Friedrich Panholzer

„Vollendete Tatsachen“ und übergangene Partei

Dr. Friedrich Panholzer, Univ.-Ass. am Institut für Wirtschaftsrecht
der Johannes-Kepler-Universität Linz

1. Einleitung

Die Problematik der übergangenen Partei im Verwaltungsverfahren [1]) erfährt ihre schärfste Ausprägung, wenn dieser Verfahrensfehler zu einem Zeitpunkt festgestellt wird, in dem bereits faktische Verhältnisse [2]) geschaffen worden sind. Zur Verdeutlichung sei folgendes Beispiel konstruiert: A beantragt bei der Behörde die Genehmigung einer Wohnhausanlage. Nach Durchführung eines Baugenehmigungsverfahrens wird die Anlage genehmigt. Behörde und Antragsteller haben den Nachbarn B übersehen: B wurde weder zum Verfahren geladen noch erfolgte die Zustellung des Bewilligungsbescheides an ihn. Nachdem A sich vergewissert hat, daß gegen den Bescheid innerhalb der Rechtsmittelfrist keine Rechtsbehelfe eingelegt wurden, beginnt er mit der Errichtung seiner Anlage. Nach einem Jahr ist der Bau fertiggestellt und A vermietet die Wohnungen. Nach Ablauf eines weiteren Jahres tritt B bei der Behörde auf, verlangt die Zustellung des Genehmigungsbescheides und legt gegen diesen Berufung ein. Die Behörde prüft den Sachverhalt und stellt fest, daß B durch den Bescheid in einem subjektiv-öffentlichen Nachbarrecht verletzt wird, etwa weil der gesetzlich geforderte Abstand der Wohnanlage zum Nachbargrundstück nicht eingehalten wurde.

Wie sind derartige Fälle zu lösen? Zunächst sei kurz dargelegt, welche Lösungsmechanismen mangels ausdrücklicher gesetzlicher Anordnung von Lehre und insbesondere Judikatur angeboten werden. Des weiteren soll versucht werden, Schwachstellen dieser Entscheidungsgrundsätze aufzuspüren und letztlich eigene Überlegungen hiezu anzustellen.

2. Zum Begriff „übergangene Partei“

Bevor Lösungsvarianten diskutiert werden, erscheint eine Festlegung des Untersuchungsgegenstandes geboten. Welche Voraussetzungen müssen erfüllt sein, um von einer übergangenen Partei sprechen zu können?

---

[1]) Dieses Problem wird zu den schwierigsten des Verwaltungsverfahrensrechts gerechnet; Mannlicher/Quell, Verwaltungsverfahren 8. Aufl., Wien 1975, S. 241; Walter Mayer, Grundriß des österreichischen Verwaltungsverfahrensrechts, Wien 1978, S. 134 f.
Es finden sich in der Literatur — soweit ersichtlich — außer kurzen Hinweisen bei Mannlicher/Quell, Verwaltungsverfahren (Anm. 1); E. Hellbling, Kommentar zu den Verwaltungsverfahrensgesetzen, Wien 1953, S. 450 f.; Walter/Mayer, Grundriß (Anm. 1); F. Krzizek, System des österreichischen Baurechts, II. Bd., Wien 1974, S. 146 ff.; derselbe, Das öffentliche Nachbarrecht, Wien 1959, S. 162 ff., lediglich zwei Abhandlungen älteren Datums: W. Pendl, Die unterlassene oder mangelhafte Kommissionskundmachung bzw. Parteienladung im Konsensverfahren, ÖVBl 1933, Nr. 3, S. 57 ff.; F. Lehne, Von der „übergangenen Partei“ des Verwaltungsverfahrens, JBl 1954, S. 117 ff.

[2]) Vgl. zuletzt Ch. Degenhart, Vollendete Tatsachen und faktische Rechtslagen im Verwaltungsrecht, AöR 1978, Heft 2, S. 163 ff. mit ausführlichen Nachweisen; W. Blümel, Raumplanung, vollendete Tatsachen und Rechtsschutz, in: FG für E. Forsthoff, 1967, S. 133 ff.; L. Fröhler, Sozialstaat und/oder Rechtsstaat, WiVerw 2/1976, S. 68 ff. Zum Entstehen faktischer Verhältnisse kommt es insbesondere in sogenannten Massenverfahren; siehe dazu W. Blümel, Masseneinwendungen in Verwaltungsverfahren, in: FS für Werner Weber, 1974, S. 539 ff., Beispiele auf S. 545; mit dieser Problematik hat sich auch der VwGH im Erk. v. 14. 2. 1978, Zl. 1518/77 auseinandergesetzt, s. die Besprechung des Erk. von W. Liehr, ÖVA 2/1978, S. 45 ff.

Krzizek[3]) versteht unter einer übergangenen Partei jeden, „der bei richtiger Beurteilung der Sach- und Rechtslage einem Verwaltungsverfahren beizuziehen gewesen wäre, diesem Verfahren aber, gleichgültig aus welchem Grund, nicht beigezogen wurde". In den Kreis „echter" übergangener Parteien bezieht dann Krzizek einmal jene nicht ein, die zur Verhandlung zwar nicht geladen wurden, aber trotzdem dort erscheinen, zum anderen scheiden jene aus, die nach der Verhandlung, aber noch vor Bescheiderlassung bei der Behörde auftreten.[4]) Lehne[5]) wählt folgende Definition: „Einer übergangenen Partei war nicht nur keine Gelegenheit zur Geltendmachung ihrer Rechte und rechtlichen Interessen im Ermittlungsverfahren gegeben, ihr ist auch der in ihre Sphäre eingreifende Bescheid willentlich oder versehentlich nicht verkündet oder zugestellt worden." [6])

Der Verwaltungsbehörde ist bei der Durchführung eines Verwaltungsverfahrens ein Fehler unterlaufen. Ob diese Mangelhaftigkeit auf ein Verschulden der Behörde zurückzuführen ist, erweist sich anläßlich der Begriffsklärung als irrelevant.[7]) Die Fehlerhaftigkeit des Verfahrens besteht darin, daß die Behörde ihrer Pflicht nicht nachgekommen ist, eine Person, deren nach dem materiellen Recht[8]) zustehende subjektiv-öffentliche Rechte durch das Verwaltungsverfahren bzw. dessen Ergebnis verletzt werden könnten, dem Verfahren beizuziehen. Infolgedessen wurde dieser Person der das Verfahren abschließende Bescheid nicht zugestellt bzw. verkündet. Als „übergangen" im technischen Sinn ist demnach eine Partei anzusehen, wenn sowohl ihre Beteiligung am Verfahren als auch die Zustellung oder Verkündung des die Sache erledigenden Bescheides an sie unterblieben ist. Dies bildet zweifellos den Regelfall der übergangenen Partei. Es sind aber auch Sonderfälle denkbar, bei denen eines der beiden Kriterien nicht erfüllt ist: Wird einem subjektiv Berechtigten Verfahrensteilnahme (Parteiengehör) nicht gewährt, der Endbescheid jedoch zugestellt oder verkündet, so wird man den Betroffenen nicht als übergangene Partei bezeichnen können. Die Verletzung des Grundsatzes des Parteiengehörs (§ 37 AVG) kann wie jeder andere Verfahrensfehler durch rechtzeitige Einlegung eines Rechtsmittels in einem ordentlichen Rechtsmittelverfahren gerügt und beseitigt werden. An diesem Beispiel wird deutlich, daß der wesentliche Umstand für die Bewertung einer Person als „übergangene Partei" in der Unterlassung der Bescheidmitteilung durch die Behörde liegt. Im umgekehrten Fall nimmt der Betroffene ordnungsgemäß am Verwaltungsverfahren teil, der Bescheid wird ihm jedoch vorenthalten. Hier wird man wohl von einer übergangenen Partei sprechen müssen, denn die Frage, welche Rechte oder Rechtsbehelfe dieser Person zustehen, kann nicht ohne weiteres aus den Vorschriften des AVG beantwortet werden.

Das Problem der übergangenen Partei tritt nur dann auf, wenn der beschriebene Fehler in einem Mehrparteienverfahren, in dem regelmäßig ein Konsenswerber einem oder mehreren Antragsgegnern (i. d. R. Nachbarn)

---

[3]) System (Anm. 1), S. 146.

[4]) In beiden Fällen nimmt die Judikatur — zB. VwGH Slg. 7266 — ein Recht des „Übergangenen" an, sich in das Verfahren einzuschalten.

[5]) Übergangene Partei (Anm. 1), S. 117.

[6]) Ähnlich auch Walter/Mayer, Grundriß (Anm. 1), S. 134.

[7]) Konsequenzen können sich aus diesem Umstand aber für Schadenersatzansprüche ergeben.

[8]) Siehe die Verweisungsnorm des § 8 AVG.

gegenübersteht[9]), begangen wird. Lehne[10]) hat mit Recht festgestellt, daß es eine übergangene Partei in einem Einparteienverfahren nicht geben kann, weil mangels Zustellung oder Verkündung ein Bescheid überhaupt nicht existent geworden ist.

Damit ist bereits ein weiteres wesentliches Kriterium für das Vorliegen einer übergangenen Partei angesprochen: Das Verwaltungsverfahren muß zu einem Abschluß durch Bescheid gelangt sein. Nachdem aber dieser – einheitliche – Bescheid einer Partei nicht verkündet bzw. zugestellt worden ist, erhebt sich die Frage, ob überhaupt ein Bescheid vorliegt. Denn nur unter der Voraussetzung, daß der „Bescheid" erlassen, d. h. rechtlich existent geworden ist, kann dieser Akt Rechtswirkungen entfalten.[11]) In den hier zur Rede stehenden Fällen handelt es sich um „ambivalente" Bescheide, d. h. um einheitliche Verwaltungsakte, die eine oder mehrere Personen begünstigen, gleichzeitig aber einer oder mehreren Personen gegenüber belastend wirken. Bei derartigen Bescheiden muß mit Eyermann-Fröhler[12]) zwischen notwendiger und potentieller Ambivalenz unterschieden werden: Während bei notwendiger Ambivalenz zwischen Begünstigung und Belastung ein untrennbarer Zusammenhang besteht (z. B. Enteignung, Mieteinweisung), so daß die Begünstigung des einen Beteiligten ohne korrespondierende Beschwer des anderen denkunmöglich ist, besteht dieser logische Konnex bei potentiell ambivalenten Bescheiden nicht: durch die Ausübung der Berechtigung kann, muß aber nicht eine Belastung bei der anderen Partei eintreten (z. B. Baubewilligung, Betriebsanlagegenehmigung). Während im ersten Fall der Bescheid erst mit Zustellung bzw. Verkündung an alle Beteiligten rechtlich zu existieren beginnt, genügt im letzteren Fall dazu bereits die Bekanntgabe des Bescheides an den Begünstigten. Daraus ergibt sich, daß das Problem einer übergangenen Partei nur entstehen kann, wenn es sich bei dem das Verfahren abschließenden Bescheid um einen potentiell ambivalenten Akt handelt.

3. Problemlösung durch die hM.

In der Lehre und insbesondere in der Rechtspraxis haben sich im Lauf der Zeit gewisse Richtlinien herausgebildet, nach denen die Behörden vorgehen (müssen), wenn jemand mit der Behauptung auftritt, in einem Verfahren übergangen worden zu sein.

1. Bei der Behandlung von übergangenen Parteien wird in der Literatur einmal angeführt, daß jemand, der sich für übergangen hält, das Recht habe, einen Feststellungsbescheid über seine Parteistellung zu erwirken.[13])

2. Sobald der Endbescheid dem Konsenswerber zugestellt (verkündet) wurde, ist er „nach außen getreten" und damit erlassen.[14])

---

[9]) Siehe dazu die Beispiele bei W. Pendl, Kommissionskundmachung (Anm. 1), S. 47; F. Lehne, Übergangene Partei (Anm. 1), S. 117.
[10]) Übergangene Partei (Anm. 1), S. 117.
[11]) Walter/Mayer, Grundriß (Anm. 1), S. 133, 139.
[12]) Verwaltungsgerichtsordnung, Kommentar, 7. Aufl., München 1977, § 42 Anh. Rd. Nr. 8; siehe auch Wolff/Bachof, Verwaltungsrecht I, 9. Aufl., S. 295.
[13]) Mannlicher/Quell, Verwaltungsverfahren (Anm. 1), S. 175; VwGH Slg. 5567/1961, zuletzt E. v. 14. 2. 1978. Zl. 1518/77.
[14]) Z. B. VwGH Slg. 2728, 7790.

3. Einer übergangenen Partei wird das Recht zugebilligt, die – nachträgliche – Zustellung des in der Angelegenheit ergangenen erstinstanzlichen Bescheides zu verlangen.[15]) Ist das Verfahren durch mehrere Instanzen geführt worden und erachtet sich der subjektiv Berechtigte nicht durch den erstinstanzlichen, sondern durch einen Rechtsmittelbescheid in seinen Rechten verletzt, wird sein Zustellungsbegehren auch diesem Bescheid gegenüber für zulässig erachtet.[16]) Das Zustellungsbegehren bedarf nicht eines förmlichen Antrages, sondern der Rechtsanspruch auf Zustellung des Bescheides entsteht bereits mit dem Auftreten der übergangenen Partei vor der Behörde.[17])

4. Nach erfolgter Zustellung hat die übergangene Partei das Recht, Rechtsmittel einzulegen und nach Erschöpfung des Instanzenzuges eine Beschwerde bei den Gerichtshöfen öffentlichen Rechts einzubringen.[18]) Eine unmittelbare Anrufung der Gerichtshöfe ist unzulässig.[19]) Der Verwaltungsgerichtshof kann nur dann sofort mit der Sache befaßt werden, wenn die Belastung der übergangenen Partei durch den Bescheid der letzten behördlichen Instanz erfolgt ist (z. B.: eine Gewerbekonzession wird erst von der letzten Instanz erteilt). Ein Recht auf Wiederholung der gemäß §§ 41 f AVG durchgeführten mündlichen Verhandlung wird dem Übergangenen nicht zugestanden.[20])

5. Aus der Bestimmung des § 26 Abs. 2 VwGG[21]) ergibt sich, daß die übergangene Partei zur Einbringung einer Verwaltungsgerichtshofbeschwerde die Zustellung des letztinstanzlichen Bescheides nicht abzuwarten braucht, wenn sie den Bescheidinhalt kennt. Als letztinstanzlicher Bescheid kommt dabei nur jener in Frage, bei dem erstmals ein Eingriff in das subjektive Recht erfolgt ist (z. B.: die Unterinstanzen lehnen ein Bauansuchen ab, die oberste Instanz genehmigt).[22]) Diese Rechtslage kommt nach der Judikatur[23]) auch im Administrativverfahren zum Tragen: mit Zustellung des Bescheides an den Genehmigungswerber gehört der Bescheid „der Rechtswelt"[24]) an, und die Einbringung einer Berufung gegen diesen Bescheid durch die übergangene Partei ab Kennt-

---

15) Z. B. VwGH Slg. 5794, 7266.

16) Mannlicher/Quell, Verwaltungsverfahren (Anm. 1), S. 242, führen als Beispiel einen übergangenen Nachbarn an, wobei das Bauansuchen in der 1. Instanz abgewiesen, in höherer Instanz dann bewilligt wurde.

17) VwGH Slg. 7903.

18) Z. B. VwGH Slg. 5794, 6989, 7266; Walter/Mayer, Grundriß (Anm. 1), S. 134; Mannlicher/Quell, Verwaltungsverfahren (Anm. 1), S. 242; F. Krzizek, Nachbarrecht (Anm. 1), S. 164; derselbe, Baurecht (Anm. 1), S. 147, jeweils m. w. N.

19) VwGH Slg. 5794; aA offenbar K. Ringhofer, Der Verwaltungsgerichtshof, 1955, S. 178; auch F. Lehne, Übergangene Partei (Anm. 1), S. 118, gesteht der übergangenen Partei ein Wahlrecht zwischen unmittelbarer Verwaltungsgerichtshofbeschwerde und Bescheidzustellung und Anfechtung zu.

20) VwGH Slg. 4949; sowie die bei Mannlicher/Quell, Verwaltungsverfahren (Anm. 1), S. 793 abgedruckten Erkenntnisse.

21) § 26/2 lautet: „Die Beschwerde kann auch erhoben werden, bevor der Bescheid dem Beschwerdeführer zugestellt oder verkündet worden ist. Für das Verfahren vor dem Verwaltungsgerichtshof gilt in diesem Fall der Bescheid als an dem Tag zugestellt, an dem der Beschwerdeführer von seinem Inhalt Kenntnis erlangt hat."

22) Vgl. VwGH Slg. 5794: In erster Instanz wurde ein Bauansuchen genehmigt, die Berufung anderer Nachbarn blieb erfolglos, in letzter Instanz wurde also der Bescheid bestätigt. Hier verwies der VwGH die übergangene Partei auf das Zustellungsbegehren und Rechtsmittel gegen den erstinstanzlichen Bescheid.

23) VwGH Slg. 2728, 7790, E. v. 28. 10. 1971, Zl. 172/71; F. Krzizek, Baurecht (Anm. 1), S. 147.

24) So der VwGH in Slg. 2728.

nis des Bescheidinhalts ist zulässig, obwohl eine Erlassung (Mitteilung) gegenüber dem Übergangenen noch nicht erfolgt ist.

6. Eine Rechtsnachfolge in die Position einer übergangenen Partei findet statt, wenn es sich bei dem betreffenden Bescheid um einen „dinglichen" Verwaltungsakt handelt.[25])

Die zentrale Aussage der hM zur übergangenen Partei sei nochmals festgehalten: Ein Bescheid entfaltet nur jenen Parteien gegenüber Rechtswirkungen, denen er zugestellt oder verkündet worden ist.[26]) Solange der übergangenen Partei gegenüber eine Bescheidmitteilung nicht erfolgt ist, kann ihr die Rechtskraft des Bescheides nicht entgegengehalten werden.[27])

4. Kritische Würdigung der hM.

A) Die dolos übergangene Partei

Der Verwaltungsgerichtshof hat den oben beschriebenen Grundsatz, ein Bescheid erzeuge einer einzelnen Partei gegenüber mangels formaler Mitteilung durch Zustellung oder mündliche Verkündung keinerlei Rechtswirkungen, auch in Fällen aufrechterhalten, bei denen die später unter dem Titel einer „übergangenen Partei" auftretenden Personen ein gewisses Maß an Verschulden an der Übergehung ihrer Person und damit letztlich auch am Entstehen faktischer Zustände trifft. Der dem Erkenntnis des Verwaltungsgerichtshofes Slg. 6965 zugrundeliegende Sachverhalt z. B. stellte sich folgendermaßen dar: In einem Verfahren zur Bewilligung eines Bauwerkes wurde von der Behörde eine Nachbarin übersehen, die gemeinsam mit ihrem Ehegatten Miteigentümerin eines Nachbargrundstückes war. Nur der Ehegatte wurde zum Verfahren beigezogen und erhielt den Baubescheid zugestellt. Daß die Frau aufgrund dessen vom Verwaltungsverfahren und auch von dessen Abschluß wußte, lag auf der Hand und wurde im Verfahren auch nicht bestritten. Die auf Verlangen der Nachbarin etwa ein Jahr nach Erlaß des Baubewilligungsbescheides erfolgte Zustellung sowie die gegen den Bescheid eingelegte Berufung wurden vom Verwaltungsgerichtshof für zulässig erklärt. Der Gerichtshof hat der Meinung des Beschwerdeführers (Bauwerbers), die Nachbarin sei in Wahrheit keine übergangene Partei, hätte also kein Rechtsmittel mehr zur Verfügung, weil sie sowohl vom Verfahren als auch von der daran anschließenden Bauführung Kenntnis gehabt habe, folgende Rechtsauffassung entgegengehalten: „Nun kommt es aber für die Beurteilung der hier behandelten Frage nicht darauf an, ob eine Partei des Verwaltungsverfahrens – ein Nachbar – von dessen Abwicklung gewußt hat, sondern darauf, ob sie diesem Verfahren unter Beachtung der maßgebenden Verfahrensvorschriften beigezogen worden ist. Ferner kann der das Verfahren abschließende Bescheid nur denjenigen Parteien gegenüber in Rechtskraft erwachsen, denen er ordnungsgemäß zugestellt worden ist. Weder das eine noch das andere ist im Beschwerdefall geschehen . . ."

---

[25]) Z. B. VwGH Slg. 3847, 7638; vgl. dazu F. Krzizek, Baurecht (Anm. 1), S. 147; Mannlicher/Quell, Verwaltungsverfahren (Anm. 1), S. 173 ff.; Walter/Mayer, Grundriß (Anm. 1), S. 151 m. w. N.

[26]) Walter/Mayer, Grundriß (Anm. 1), S. 134, 148, 150; F. Krzizek, Nachbarrecht (Anm. 1), S. 164.

[27]) So ausdrücklich der VwGH in Slg. 8057.

Der Verwaltungsgerichtshof brachte damit zum Ausdruck, daß bei der rechtlichen Beurteilung von übergangenen Parteien einem festgestellten vorwerfbaren Unterlassen durch den „Übergangenen" keine Relevanz zukommt.

Eine derart von extrem formalistischem Denken geprägte Rechtsauffassung ist abzulehnen. Um die Unhaltbarkeit einer solchen Judikatur besonders herauszustellen, soll noch folgendes Beispiel konstruiert werden: Ein Nachbar eines Bauwerbers – beide sind seit längerer Zeit verfeindet – weiß vom Verwaltungsverfahren und von dessen Abschluß mit Baubewilligung. Er unternimmt zunächst nichts, wartet die Fertigstellung des Baues ab, um erst dann – zum Schaden des Nachbarn – seine Rechte geltend zu machen. Folgte man der Rechtsauffassung des Verwaltungsgerichtshofs, dann wäre diesem böswilligen Anschlag Erfolg beschieden!

Der Gerichtshof dürfte seine Rechtsansicht auf § 62 (auch § 29 Abs. 1) in Verbindung mit § 63 Abs. 5 Satz 2 AVG stützen. Nach letztgenannter Vorschrift beginnt die Berufungsfrist für jede Partei mit der an sie erfolgten Zustellung der schriftlichen Ausfertigung des Bescheides, im Fall bloß mündlicher Verkündung mit dieser zu laufen. Unter „Partei" wird von der hM.[28]) jeder verstanden, der vom materiellen Recht mit einer subjektiven Berechtigung ausgestattet ist, und zwar unabhängig davon, ob er von der Behörde auch als Partei des Verfahrens behandelt wurde. Dem verfahrensrechtlichen Standpunkt, daß die Kenntnis von der Existenz eines Bescheids und dessen Inhalt ohne Erfüllung des Formalerfordernisses der Zustellung einer schriftlichen Ausfertigung bzw. der mündlichen Verkündung des Bescheids nicht zur Wirksamkeit der normativen Aussage des Bescheids der betreffenden Person gegenüber ausreicht, ist nur mit Vorbehalt beizupflichten: Die zitierten Bestimmungen sind vom Gedanken der Rechtsklarheit und Rechtssicherheit getragen. Nach der ratio legis hat der Formalakt der Bescheidzustellung oder Verkündung Informations- und Rechtsschutzfunktionen gegenüber dem Adressaten zu erfüllen. Er soll einerseits exakte Aufklärung über die normative Anordnung geben und andererseits die Möglichkeit der zeitgerechten Einlegung eines Rechtsmittels verschaffen. Es soll – auf eine einfache Formel gebracht – niemand von einer Belastung durch einen Bescheid getroffen werden, ohne vorher aufgrund einer Information die Chance der Verteidigung erhalten zu haben. Das strenge Erfordernis der formalen Mitteilung hat auch den Vorteil, daß der Zeitpunkt der behördlichen Mitteilung und somit der Beginn der Rechtsmittelfrist relativ einfach festzustellen ist.

Ich bin nun der Auffassung, daß man für den konkreten Fall einer dolos handelnden übergangenen Partei doch die Kenntnis von Existenz und Inhalt des betreffenden Verwaltungsaktes als rechtsfolgenauslösendes Merkmal – insbesondere bezüglich des Laufes der Berufungsfrist (§ 63 Abs. 5 AVG) – mit einer formalen behördlichen Mitteilung gleichsetzen kann. Gegen die dargestellte ratio legis wird damit in keiner Weise verstoßen: Der übergangenen Partei war durch die tatsächlich erfolgte Kenntnisnahme die Möglichkeit eröffnet, sich durch Anfrage bei der Behörde bzw. durch die Beantragung der Zustellung des Bescheids die Details des Bescheidinhalts zu beschaffen und den entsprechenden Rechtsbehelf zur Verteidigung einzusetzen. Den den §§ 62 und 63

---

[28]) Vgl. die Nachweise bei Mannlicher/Quell, Verwaltungsverfahren (Anm. 1), S. 168 f.; F. Lehne, Übergangene Partei (Anm. 1), S. 118; a. A. W. Pendl, Kommissionskundmachung (Anm. 1), S. 62.

AVG zugrundeliegenden Elementen der Gewährung von Information und Rechtsschutz wurde damit Rechnung getragen.

In diese Überlegungen müssen noch weitere wesentliche Aspekte allgemeiner Art einfließen: Die Zuerkennung von nachträglichem Rechtsschutz an böswillig schweigende übergangene Parteien scheidet einmal deshalb aus, weil die Gewährung von Rechtsschutz im Rechtsstaat stets ein bestimmtes Maß an Rechtsschutzbedürftigkeit und Rechtsschutzwürdigkeit voraussetzt, das hier offenkundig nicht vorliegt. Daß die Rechtsordnung einen dolos Handelnden für rechtsschutzwürdig erachtet, darf ausgeschlossen werden. Zum anderen muß einer vorsätzlich oder fahrlässig mit der Rechtsgeltendmachung zuwartenden Partei auch der allgemeine Rechtsgrundsatz von Treu und Glauben[29]) entgegengehalten werden. Dieser Grundgedanke der Rechtsordnung, im zivilrechtlichen Bereich als Schikaneverbot[30]) bezeichnet, besagt, daß niemand von einem Recht mit dem Vorsatz Gebrauch machen darf, einen anderen zu schädigen.[31]) Die Heranziehung des Verbots mißbräuchlicher Rechtsausübung für den untersuchten öffentlich-rechtlichen Fall[32]) liegt insbesondere deshalb nahe, weil auch im öffentlichen Nachbarrecht ein besonderes Naheverhältnis zwischen den Nachbarn besteht. Dieses nachbarliche Gemeinschaftsverhältnis erfordert ein besonderes Maß gegenseitiger Rücksichtnahmen. Eine Verletzung dieser besonderen Pflichten liegt dann vor, wenn die Einbringung eines Rechtsbehelfs erst zu einem Zeitpunkt erfolgt, an dem der begünstigte Nachbar im berechtigten Vertrauen auf die Rechtsrichtigkeit des Bescheids bereits von diesem Gebrauch gemacht hat, obwohl es dem übergangenen Nachbarn, weil er vom Vorliegen der behördlichen Bewilligung Kenntnis hatte oder hätte haben müssen, möglich und zumutbar gewesen wäre, seine Abwehrreaktion noch rechtzeitig, also vor Vollendung der Tatsachen und damit unter Schonung des Nachbarn zu setzen.

Zusammenfassend wird daher folgende Lösung des Problems einer dolosen übergangenen Partei vorgeschlagen: Wenn von einer Verwaltungsbehörde anläßlich der Prüfung der Zulässigkeit eines Berufungsantrags einer übergangenen Partei eine derartige Pflichtverletzung festgestellt wird, muß der Übergangene nach den Grundsätzen von Treu und Glauben so behandelt werden, als sei ihm der Bewilligungsbescheid in förmlicher Weise behördlich mitgeteilt worden. Dies bedeutet im Ergebnis, daß die Berufung wegen Ablaufs der Rechtsmittelfrist als unzulässig zurückzuweisen ist.[33])

Aufgrund dieses Ergebnisses muß noch terminologisch klargestellt werden, daß

---

[29]) Zu diesem Rechtsgrundsatz W. Pesendorfer, Das Übermaßverbot als rechtliches Gestaltungsprinzip der Verwaltung, ÖZöffR 1977, S. 265 ff., 266 mit Anm. 10.

[30]) § 1295/2 ABGB: „Auch wer in einer gegen die guten Sitten verstoßenden Weise absichtlich Schaden zufügt, ist dafür verantwortlich, jedoch falls dies in Ausübung eines Rechtes geschah, nur dann, wenn die Ausübung des Rechtes offenbar den Zweck hatte, den anderen zu schädigen."

[31]) H. Koziol / R. Welser, Grundriß des bürgerlichen Rechts, Bd. I, 4. Aufl., S. 342.

[32]) Zur grundsätzlichen Zulässigkeit der Anwendung im Privatrecht niedergelegter Rechtsgrundsätze im öffentlichen Recht: z. B. VfGH Slg. 991/1928, 3909/1961; VwGH Slg. 6141/1963.

[33]) Ein rechtsvergleichender Blick in die bundesdeutsche Rechtsordnung zeigt, daß die angerissene Problematik von der dortigen höchstgerichtlichen Judikatur in ganz ähnlicher Weise bewältigt wird: BVerwG, Urteil v. 25. 1. 1974 — IV C 2/ 72 = NJW 1974, 1260 ff.; F. Kopp, Beteiligung, Rechts- und Rechtsschutzpositionen im Verwaltungsverfahren, in: Verwaltungsrecht zwischen Freiheit, Teilhabe und Bindung, FG 25 Jahre BVerwG, München 1978, S. 387, 401.

von einer „übergangenen Partei" im Sinn der oben vorgenommenen Begriffsdefinition[34]) (keine Verfahrensteilnahme und keine Bescheidzustellung) hier nicht gesprochen werden kann. Der Verfahrensfehler der Nichtbeteiligung am Verfahren hätte durch Einlegen eines Rechtsmittels behoben werden können.

B) Sonstige Fälle übergangener Parteien bei faktischen Verhältnissen

Zur Diskussion steht in diesem Abschnitt jener Restbereich von Fällen, bei denen gegen den Übergangenen der Vorwurf unlauteren oder pflichtwidrigen Verhaltens nicht erhoben werden kann. Folgt man den Grundsätzen der Praxis zur Behandlung übergangener Parteien, so wäre der Berufung der übergangenen Partei von der Rechtsmittelbehörde stattzugeben; den subjektiv-öffentlichen Rechten des übergangenen Nachbarn müßte also Rechnung getragen werden.

Dies könnte einmal durch Modifizierung des Bewilligungsbescheides, etwa durch Hinzufügung zusätzlicher Nebenbestimmungen, geschehen. Es ist anzunehmen, daß die aufgetretene Konfliktsituation in der Mehrzahl der Fälle durch die Beifügung weiterer technischer Auflagen zum ursprünglichen Genehmigungsbescheid bereinigt werden kann.

Es ist aber denkbar – siehe dazu das einleitende Beispiel: der von der Bauordnung geforderte Seitenabstand zum Nachbargrundstück wurde nicht eingehalten –, daß der Behörde als einzige Entscheidungsmöglichkeit nur die ersatzlose Aufhebung des Bewilligungsbescheides und die Abweisung des Bewilligungsansuchens verbleibt. Die Behörde wäre nun verhalten, dem Bewilligungswerber die Herstellung des rechtmäßigen Zustandes aufzutragen und allenfalls mit Zwang durchzusetzen.[35]) Zur Abgeltung des Schadens, der dem Betroffenen durch Beseitigung der faktischen Tatsachen entsteht, steht dann noch die Geltendmachung eines Amtshaftungsanspruchs gegen die Genehmigungsbehörde, die durch einen Fehler die Übergehung des Nachbarn ja verursacht hat, zur Verfügung.

Diese Lösung des Übergangenenproblems gibt Anlaß zu schwerwiegenden Bedenken:

1. Zum einen erfolgt mit der Durchsetzung der Rechte des Übergangenen ein massiver Einbruch in den Bereich schutzwürdigen Vertrauens[35a])

---

[34]) Siehe oben, Kapitel 2.

[35]) Vgl. für das Baurecht: F. Krzizek, System des österreichischen Baurechts, Bd. III, 1976, S. 106 ff.; z. B. OÖ. BauO, LGBl. 35/1976, § 61/I: „Stellt die Baubehörde fest, daß eine bewilligungspflichtige bauliche Anlage ohne Baubewilligung ausgeführt wird oder bereits ausgeführt wurde, so hat sie — unbeschadet der Bestimmung des § 56 — dem Eigentümer mit Bescheid aufzutragen, entweder nachträglich innerhalb einer angemessen festzusetzenden Frist um die Baubewilligung anzusuchen oder die bauliche Anlage innerhalb einer weiters festzusetzenden angemessenen Frist zu beseitigen. Die Möglichkeit, nachträglich um die Baubewilligung anzusuchen, ist dann nicht einzuräumen, wenn nach der maßgeblichen Rechtslage eine Baubewilligung nicht erteilt werden kann."

[35a]) Zum Vertrauensschutz im öffentlichen Recht: Püttner und Kisker, in VVDStRL 32 (1974), S. 149 ff., 200 ff.; H. Huber, Vertrauensschutz — Ein Vergleich zwischen Recht und Rechtsprechung in der Bundesrepublik und in der Schweiz, in: Verwaltungsrecht (Anm. 33), S. 313 ff. m. w. N. in Anm. 1; K. Lange, Probleme des Vertrauensschutzes im Verwaltungsrecht, WiVerw 1/1979, S. 15 ff.; K. Lotz, Zum Vertrauensschutz im öffentlichen Recht, ebenda, S. 1 ff.

des Bewilligungsinhabers: Schon Pendl[36]) hat dies treffend folgendermaßen formuliert: Eine neuerliche Aufrollung des Verfahrens „würde eine Rechtsunsicherheit[37]) herbeiführen, die der Gesetzgeber nicht gewollt haben kann“. Der Konsenswerber muß nach Abschluß des Bewilligungsverfahrens „die unbedingte Gewißheit haben, daß die Errichtung und vor allem der Bestand[37]) seiner Anlage zulässig und dauernd gesichert ist“. Ansonsten gäbe es für einen Konsenswerber eine Rechtssicherheit überhaupt nicht; „er kann ja schließlich nicht mehr tun, als vor Baubeginn bei der Behörde anfragen, ob der Konsens rechtskräftig ist; bejaht die Behörde diese Frage, dann muß der Konsenswerber auch wirklich die Gewißheit haben, daß die Angelegenheit dauernd und absolut in Ordnung ist.“

Diese Bedenken resultieren daraus, daß mit der aufgezeigten Lösung eine einseitige Betonung des Gesetzmäßigkeitsgrundsatzes erfolgt, ohne den damit auf gleicher Stufe stehenden und ebenso aus dem verfassungsgesetzlichen Rechtsstaatsgrundsatz resultierenden Aspekt der Rechtssicherheit zu berücksichtigen.[38])

2. Weiters spricht gegen die obige Lösung die damit erfolgende Verletzung öffentlicher Interessen: Die Wiederherstellung des gesetzmäßigen Zustandes zieht nämlich die Zerstörung mehr oder minder erheblicher volkswirtschaftlicher Werte nach sich. Dies manifestiert sich besonders kraß, wenn etwa eine Wohnhausanlage oder eine gewerbliche Betriebsstätte von der Aufhebung der Bewilligung betroffen wird: Viele Menschen verlieren Behausung oder Arbeitsplatz. Sollte der Bewilligungswerber späterhin mit einer Amtshaftungsklage durchdringen, dann würde dieser Effekt noch durch die nicht unerhebliche Belastung der Staatskasse verstärkt.

3. An die Rücknahmeentscheidung der Behörde knüpft sich aber noch eine Anzahl weiterer juristischer und faktischer Probleme: Man darf nicht übersehen, daß die geschaffenen faktischen Zustände in weiterer Folge mit einem Netz von daran anknüpfenden Rechtsbeziehungen und Rechtsverhältnissen überspannt wurde.[39]) Es kam zum Beispiel zu Verkäufen und Vermietungen im Wohnhausbereich, zum Abschluß von Arbeitsverträgen, Lieferungs- und Produktionsverträgen im Gewerbebereich usw. Die Schwierigkeiten, die bei der nun notwendig werdenden Rückabwicklung all dieser Rechtsbeziehungen auftreten, sind unüberschaubar.

Anhand des beleuchteten Beispiels wird die Fragwürdigkeit der herrschenden Auffassung zur übergangenen Partei sehr deutlich. Wenn man sich all diese negativen Konsequenzen der rechtlichen Behandlung von übergangenen Parteien bei Vorliegen vollendeter Tatsachen im Sinn der hM. vor Augen hält, liegt der Schluß nahe, der Verfahrensrechtsgesetzgeber könne ein solches Ergebnis nicht gewollt haben. Der allgemeine Grundsatz des Verwaltungsverfahrens, eine bescheidmäßige Rechtsgestaltung sei einem subjektiv Berechtigten gegenüber nicht wirksam, dem der Verwaltungsakt nicht bekannt gemacht wurde[40]), muß m. E. für übergangene Parteien bei faktischen Verhältnissen als unanwendbar erklärt werden. Die Kritik an jener Rechtsauffassung

---

[36]) Kommissionskundmachung (Anm. 1), S. 61.

[37]) Sperrung durch den Verfasser.

[38]) Erichsen/Martens, Allgemeines Verwaltungsrecht, 3. Aufl., 1978, S. 204 mit Anm. 4; K. Lotz, Vertrauensschutz (Anm. 35a), S. 3 mit Anm. 9.

[39]) Ch. Degenhart, Vollendete Tatsachen (Anm. 2), S. 172 — 174.

[40]) Vgl. die Nachweise in Anm. 26 u. 27.

gründet sich auf die aus ihrer Anwendung resultierenden Widersprüche zu grundlegenden Rechtsprinzipien wie insbesondere der Wahrung öffentlicher Interessen durch die Verwaltungsbehörde und der Gewährung von Vertrauensschutz für rechtsunterworfene Bürger. Dies erscheint mir gerechtfertigt, weil das AVG ja eine ausdrückliche Regelung des Übergangenenproblems nicht vorgenommen hat. Die Auffassung, daß die übergangene Partei ihre Rechtsposition durchzusetzen vermag, ohne durch irgendeine Frist beschränkt zu sein und daher ohne jegliche Berücksichtigung der rechtlichen und wirtschaftlichen Verhältnisse auf seiten jener, denen gegenüber der Bescheid sehr wohl Rechtswirkungen entfaltet hat (insbesondere des Bewilligungswerbers), kann sich auf keine gesicherte Rechtsgrundlage stützen. Der die Wurzel der ganzen Problematik bildende Widerstreit von Interessen, nämlich des Einzelinteresses des in subjektiven Rechten beeinträchtigten Nachbarn, des Individualinteresses des auf einen Hoheitsakt Vertrauenden, des öffentlichen Interesses am Schutz von Nachbarn und des öffentlichen Interesses an der Erhaltung bestimmter volkswirtschaftlicher, sozialer, kultureller usw. Werte, hat der Verfahrensrechtsgesetzgeber meines Erachtens überhaupt nicht beachtet und daher auch nicht entschieden. Auch der Vorschrift des § 63 Abs. 5 AVG kann eine solche Entscheidung nicht unterstellt werden: Diese Bestimmung, die von einem „normalen“, d. h. ordnungsgemäß ablaufenden Verfahren ausgeht, will lediglich klarstellen, daß die vierzehntägige Berufungsfrist nicht für alle Verfahrensparteien einheitlich – etwa ab dem Zeitpunkt der Absendung des Bescheides durch die Behörde – zu laufen beginnt, sondern daß ein zeitlich verzögertes Zugehen bei einer Partei dieser nicht zum Nachteil gereichen soll. Die Annahme, der Gesetzgeber habe damit das komplexe Problem der übergangenen Partei regeln wollen, geht wohl fehl.

Es sei also nochmals wiederholt: Ich bin der Ansicht, daß dem AVG für die Frage der Rechtsstellung schuldlos übergangener Parteien („echter“ übergangener Parteien im hier verstandenen Sinn) bei Vorliegen faktischer Verhältnisse keine Antwort entnommen werden kann. Das Gesetz ist diesbezüglich unvollständig.[41])

Da für die hier zu lösende Rechtsfrage das allgemeine Verwaltungsverfahrensrecht (AVG) keine Antwort vermittelt, stellt sich nunmehr die Aufgabe, zu forschen, ob uns nicht das materielle Verwaltungsrecht bzw. in den einzelnen Materiengesetzen enthaltene Verfahrensbestimmungen den Schlüssel für eine gerechte Entscheidung der Übergangenenproblematik in die Hand geben.

Diese Prüfung führt zum Ergebnis, daß sich der Gesetzgeber nur im W a s s e r r e c h t mit übergangenen Parteien auseinandergesetzt hat.

Aus § 107 Abs. 2[42]) in Verbindung mit § 26 Abs. 3 WRG 1959[43]) ergibt sich fol-

---

[41]) Siehe dagegen VwGH Slg. 6965.

[42]) § 107/2 Satz 1 WRG lautet: „Eine Partei (§ 102 Abs. 1), die eine mündliche Verhandlung versäumt hat, weil sie nicht persönlich verständigt worden war, kann selbst dann, wenn die Anberaumung der mündlichen Verhandlung öffentlich bekanntgemacht worden ist (§ 41 Abs. 2 AVG 1950), ihre Einwendungen auch nach Abschluß der mündlichen Verhandlung und bis zur rechtskräftigen Entscheidung der Angelegenheit vorbringen.“

[43]) § 26/3 WRG lautet: „Der Wasserberechtigte haftet außer dem Falle des Abs. 2 für eine der dort bezeichneten Beschädigungen oder Beeinträchtigungen solcher Parteien, die von der mündlichen Verhandlung nicht persönlich verständigt worden sind (§ 107), weil sie der Wasserrechtsbehörde entgegen der Vorschrift des § 103 Abs. 1 lit e nicht bekannt gegeben wurden und daher ohne ihr Verschulden außerstande waren, ihre Einwendungen rechtzeitig (§ 107 Abs. 2) geltend zu machen.“

gende Rechtslage: Wird im Verfahren zur Verleihung einer wasserrechtlichen Bewilligung ein subjektiv Berechtigter (i. S. v. § 102 Abs. 1 WRG) übergangen und erlangt dieser erst nach formeller Rechtskraft der wasserrechtlichen Bewilligung gegenüber den am Verfahren tatsächlich Beteiligten und der dadurch bewirkten Beeinträchtigung seiner Rechte Kenntnis, so steht ihm kein Rechtsmittel mehr zur Verfügung. Der wasserrechtliche Bescheid erlangt mit anderen Worten auch einer übergangenen Partei gegenüber materielle Rechtskraft.[44])

Eine Zerstörung, ein Abreißen des i. d. R. auch im öffentlichen Interesse errichteten Wasserbaues kommt somit nicht in Betracht. Der Gesetzgeber schützt damit einerseits das Vertrauen des Bewilligungswerbers in den Verwaltungsakt und wahrt auch an den faktischen Verhältnissen bestehende öffentliche Interessen. Andererseits bleibt aber auch der in seinen Rechten beeinträchtigte Übergangene nicht auf der Strecke. Sein ursprünglich bestehendes Abwehrrecht wird in einen Entschädigungsanspruch umgewandelt: § 26 Abs. 3 WRG gibt der an der Übergehung schuldlosen Partei einen Schadenersatzanspruch gegen den Wasserberechtigten, wenn dieser seiner Pflicht, im Bewilligungsansuchen alle Personen, deren Rechte durch das beabsichtigte Vorhaben berührt werden, bekanntzugeben (§ 103 Abs. 1 lit. c WRG), nicht nachgekommen ist.

Soweit eine Parteienübergehung also in der Verwaltungsmaterie Wasserrecht geschieht, hat der Rechtsanwender eindeutige Entscheidungskriterien zur Verfügung.

Wie ist aber vorzugehen, wenn eine übergangene Partei bei faktischen Verhältnissen in einer Verwaltungsmaterie auftritt (z. B. im Gewerbebereich), in der eine Gesetzesaussage zu dieser Konfliktsituation fehlt?

All jene Fälle, die in ihrer gesamten Sachverhaltskonstellation der dargestellten wasserrechtlichen Situation ähnlich sind — so die oben angezogenen Beispiele: übergangene Partei bei fertiggestellter Wohnhausanlage, übergangene Partei bei errichteter gewerblicher Betriebsanlage —, können durch analoge Anwendung der wasserrechtlichen Vorschriften bewältigt werden.

Die methodische Vorgangsweise besteht darin, daß man zunächst im jeweiligen Materienrecht (z. B. Gewerbeordnung, Bauordnung) das Fehlen einer Regelung, mithin die Existenz einer Rechtslücke konstatiert.[45]) Da — wie oben festgestellt — im allgemeinen, alle Materien übergreifenden Verwaltungsverfahrensrecht eine Regelung für das Problem der übergangenen Partei bei vollendeten Tatsachen nicht enthalten ist und methodisch zulässigerweise auch nicht aus einer in einer einzigen Verwaltungsmaterie (sc. Wasserrecht) getroffenen Regelung durch Induktion gewonnen werden kann[46]), muß die im anzuwendenden materiellen Recht klaffende Gesetzeslücke im Einzelfall durch

---

[44]) F. Krzizek, Kommentar zum Wasserrechtsgesetz, Wien 1962, S. 125, 437; VfGH Slg. 3246/1957, 5884/1969; VwGH E. v. 2. 3. 1978, Zl. 2723/77 = ZfVB 1978/6/2177 bzw. 1978/5/2007; E. v. 2. 2. 1978, Zl. 2484/76 = ZfVB 1978/5/2004.

[45]) Zur Lückenfeststellung: Canaris, Die Feststellung von Lücken im Gesetz, 1964; K. Larenz, Methodenlehre der Rechtswissenschaft, 1960, S. 279 ff.; K. Engisch, Einführung in das juristische Denken, 7. Aufl. 1977, S. 138 ff.

[46]) K. Larenz, Methodenlehre (Anm. 45), S. 292; diesen Versuch unternahm offenbar der Beschwerdeführer in VwGH Slg. 6965.

analoge Heranziehung der §§ 107 Abs. 2 und 26 Abs. 3 WRG 1959 geschlossen werden. Es handelt sich dabei also um einen Schluß von Besonderem auf Besonderes.[47]) Die Durchführung eines Analogieschlusses setzt für seine Zulässigkeit stets voraus, daß der Tatbestand, auf den die rechtlich geregelte Rechtsfolge ausgedehnt werden soll, dem gesetzlich geregelten Tatbestand in wesentlichen Elementen ähnlich ist.[48]) Der Nachweis der Ähnlichkeit auf Sachverhaltsseite wird kaum Schwierigkeiten bereiten. In den zu vergleichenden Fällen kam es zu einem wegen Parteienübergehung fehlerhaften Verwaltungsverfahren, wurde eine Bewilligung erteilt und entstanden durch die Gebrauchnahme von der Bewilligung vollendete Tatsachen. Die geschaffenen Fakten stellen erhebliche volkswirtschaftliche Werte dar, deren Vernichtung dem betroffenen Bewilligungswerber wie der Allgemeinheit einen Schaden zufügen würde. Die Pflicht des Bewilligungswerbers, Anrainer und Nachbarn namhaft zu machen, deren Rechte durch das geplante Vorhaben tangiert werden könnten, erfließt, soweit in den Materiengesetzen nicht ausdrücklich vorgesehen, aus der allgemeinen Mitwirkungs- und Aufklärungspflicht einer Partei des Verwaltungsverfahrens.[49])

Diese Ähnlichkeit auf Tatbestandsseite rechtfertigt nun die Anwendung der im Wasserrechtsgesetz geregelten Rechtsfolgen per analogiam.

Ergebnis: Stellt sich nach Auftreten einer übergangenen Partei heraus, daß diese kein Verschulden an der Übergehung trifft, sie in subjektiv-öffentlichen Rechten beeinträchtigt wird und daß, gestützt auf den Bescheid, bereits faktische Verhältnisse geschaffen wurden, so sind mangels ausdrücklicher Regelung im anzuwendenden Materienrecht die §§ 107 Abs. 2 in Verbindung mit 26 Abs. 3 WRG 1959 analog anzuwenden. Der Bewilligungsbescheid ist materiell rechtskräftig geworden, die Berufung der übergangenen Partei daher als unzulässig zurückzuweisen. Der Übergangene hat je nach Lage des Falles die Möglichkeit, entweder durch eine Schadenersatzklage gegen den Bewilligungsinhaber oder durch eine Amtshaftungsklage gegen die Behörde Entschädigung für die Rechtseinbuße zu erlangen.

5. Zusammenfassung der Ergebnisse

1. Eine von einem Gesetz mit subjektiven Rechten ausgestattete Person, die dem Verwaltungsverfahren nicht beigezogen und der der das Verfahren abschließende Bescheid nicht bekanntgemacht wurde, bzw. eine Person, die zwar am Verfahren teilnahm, der der Bescheid jedoch nicht zugestellt bzw. verkündet wurde, gilt als „übergangene Partei".

Mit der gesetzlich ausdrücklich vorgesehenen mündlichen Verkündung und Zustellung der schriftlichen Ausfertigung des Bescheides gleichzusetzen ist nach der ratio legis die gesicherte Kenntnis vom Bescheid. Wer vom Ablauf eines Verwaltungsverfahrens und der Bescheiderlassung wußte oder wissen mußte,

---

[47]) K. Engisch, Einführung (Anm. 45), S. 147.

[48]) Die Rechtfertigung des Analogieschlusses ergibt sich aus dem Postulat der Gerechtigkeit, Gleichartiges rechtlich gleich zu behandeln: K. Larenz, Methodenlehre (Anm. 45), S. 287 f.; R. Zippelius, Einführung in die juristische Methodenlehre, München 1971, S. 74, erkennt den Analogieschluß als einen „Anwendungsfall des Gleichheitsgrundsatzes."

[49]) VwGH Slg. 5007, 5697.

kann nach ungenütztem Ablauf der Rechtsmittelfrist seine Rechte nicht mehr geltend machen. Er ist mit anderen Worten nicht „übergangene Partei“ im technischen Sinn.

2. Auch wenn eine nicht dolos handelnde übergangene Partei bei vollendeten faktischen Verhältnissen auftritt, erweist sich die herrschende Rechtsauffassung als fragwürdig. Im Gegensatz zur herrschenden Meinung wurde angenommen, daß das allgemeine Verwaltungsverfahrensrecht den Fall übergangener Parteien bei faktischen Verhältnissen überhaupt nicht geregelt hat, der Grundsatz „Ohne Bescheidmitteilung keine Bescheidwirkungen“ daher auf solche Fälle unanwendbar ist. Tritt nun das Übergangenenproblem in Verwaltungsbereichen auf, in denen auch der Materiengesetzgeber keine Konfliktsregeln aufgestellt hat, ist eine Rechtslücke anzunehmen, die durch analoge Anwendung der §§ 107 Abs. 2 und 26 Abs. 3 WRG 1959 geschlossen werden muß. Die hier vertretene Rechtsauffassung dürfte die Rechtsanwender auch aus dem durch die herrschende Dogmatik erzeugten Dilemma befreien, das darin besteht, daß einerseits die Verletzung subjektiv-öffentlicher Rechte der übergangenen Partei offenkundig feststeht, andererseits aber auch klar ist, daß eine Beseitigung dieser Rechtswidrigkeit zur Konsequenz hat, daß bedeutsame Werte zerstört werden. Diese Vernichtung steht oft völlig außer Verhältnis zum positiven Effekt der Bescheidaufhebung auf Seite der übergangenen Partei.

Klaus Mair

Die Errichtungsgenehmigung als Faktum im Betriebsbewilligungsverfahren

Dr. Klaus Mair, Univ.-Ass. am Institut für Wirtschaftsrecht
der Johannes-Kepler-Universität Linz

1. Einleitung

1.1.

Wenn diese Arbeit unter dem Generalthema „Probleme des Rechtsschutzes gegenüber vollendeten Tatsachen“ in Angriff genommen wird, so ist gleich eingangs besonders auf den neben dem Begriff „vollendete Tatsache“ häufig synonym gebrauchten Terminus „faktische Rechtslage“ hinzuweisen. Die im Rahmen dieses Beitrags aufgeworfene Thematik repräsentiert gewissermaßen ein Paradebeispiel für die im Zusammenhang mit „faktischen Rechtslagen“ auftretenden Probleme, an Hand dessen die mit dieser Erscheinung in Verbindung stehenden Fragen veranschaulicht werden können.

Der Begriff „faktische Rechtslage“ selbst entbehrt – für sich allein betrachtet – bedauerlicherweise der exakten Bestimmtheit und bedarf der Erläuterung. Im Zuge deren sollte nach Ansicht des Verfassers in erster Linie auf den unmittelbaren Wortsinn zurückgegriffen werden.

Davon ausgehend liegt eine „faktische Rechtslage“ dann vor, wenn eine Tatsache auf einer rechtlichen Grundlage existiert, wenn sozusagen „Recht faktisch geworden ist“. Von einer „faktischen Rechtslage“ in diesem Sinn könnte man also etwa im Hinblick auf ein gemäß einer Baugenehmigung errichtetes Bauwerk sprechen. Hingegen müßte nach dem vorgetragenen Verständnis dort, wo Fakten rechtswidrigerweise geschaffen wurden (z. B. widmungswidrige Bebauung von Grundflächen, genehmigungslose Errichtung genehmigungspflichtiger Anlagen), treffender von „faktischen U n rechtslagen“ die Rede sein. Dagegen definiert etwa Degenhart[1] „faktische Rechtslagen“ als die rechtlichen Folgerungen aus Vorgängen im Bereich des Faktischen, die sonst eine verbindliche hoheitliche Geltungsanordnung voraussetzen.

Angesichts der Tatsache, daß die hier kurz angerissene terminologische Frage gegenüber dem eigentlichen Sachproblem ohnedies in den Hintergrund rückt, sei sie an dieser Stelle nicht weiter verfolgt, vielmehr sei auf letzteres näher eingegangen.

Die im Generalthema aufgegriffene, hier in einer speziellen Variante abzuhandelnde Problematik stellt sich wie folgt dar: in einer Vielzahl von Fällen sehen sich die mit der Rechtsanwendung betrauten staatlichen Verwaltungsbehörden mit Erscheinungen im Bereich des Faktischen konfrontiert, die geeignet sind, ihre an sich an objektiven rechtlichen Kriterien zu orientierende Entscheidungsfindung dahingehend zu beeinflussen, als die in Rede stehenden Fakten in einer Weise berücksichtigt werden, die aus Rechtsschutzaspekten nicht immer unbedenklich erscheint. Aus einer solchermaßen vorgenommenen Umschreibung geht hervor, daß sowohl faktische Rechts- als auch Unrechtslagen den Rechtsschutz des einzelnen im negativen Sinn zu beeinträchtigen vermögen.

Allein dem rechtmäßig bestehenden Faktum allerdings soll in weiterer Folge die ausschließliche Aufmerksamkeit gewidmet sein.

Hat man diese Entscheidung einmal getroffen, so ergibt sich konsequenterweise der Einstieg in das eigentliche Thema, also die Erörterung der Auswir-

---

[1]) C. D e g e n h a r t, Vollendete Tatsachen und faktische Rechtslagen im Verwaltungsrecht, in: AöR 1978, S. 164

kungen von Errichtungsgenehmigungen — sprich: von aufgrund einer Errichtungsgenehmigung hergestellten Bauten bzw. Anlagen — auf Betriebsbewilligungen quasi von selbst.

1.2.

Der Sache nach sind Errichtungs- und Betriebsbewilligungen keineswegs Phänomene nur eines bestimmten Rechtsgebietes, sie sind ganz im Gegenteil in den mannigfachsten Sparten anzutreffen. Die Motivation der Rechtserzeuger, derartige Bewilligungen vorzusehen, resultiert gemeinhin aus Tatsachen wie der besonderen Gefährlichkeit oder der erheblichen Umweltrelevanz geplanter Projekte. Einige wenige Beispiele mögen diese Behauptung illustrieren: Den beträchtlichen Gefahren und den nicht zu leugnenden negativen Umwelteinwirkungen von Flugplätzen trägt das Luftfahrtgesetz[2]) Rechnung, indem es Zivilflugplatz-Bewilligungen und Betriebsaufnahmebewilligungen vorsieht.[3]) Im Strahlenschutzgesetz[4]) kommt den in Rede stehenden Bewilligungen[5]) aus leicht verständlichen Gründen sogar eine ausgesprochen dominierende Rolle zu. Weiters bedürfen die in den Bauordnungen der einzelnen Bundesländer vorgeschriebenen Bau- und Benützungsbewilligungen der nachdrücklichen Erwähnung[6]), verkörpert das Baurecht doch eines jener Rechtsgebiete, die in der gesellschaftlichen Realität die gravierendsten Wirkungen entfalten. — Soweit die exemplarische Aufzählung!

In jenen Rechtsbereich, dessen Terminologie in der Themenstellung der vorliegenden Arbeit anklingt — in das Gewerberecht —, soll im Gegensatz zu den oben angeführten Beispielen anschließend tiefer eingedrungen werden. Zweierlei Gründe sprechen für eine derartige Vorgangsweise. Zum einen entfalten die gewerblichen Betriebsanlagen in Summe eine Einwirkungsintensität auf Mensch und Umwelt[7]), wie sie in kaum einem anderen Sektor anzutreffen sein wird, womit sie sich in den Mittelpunkt des Interesses schieben. Zum anderen erscheint es wenig sinnvoll, die gesamte Palette sich voneinander allenfalls im Zuschnitt auf einzelne Sachgebiete unterscheidenden Bewilligungen in die Untersuchung einzubeziehen, da das eingangs angesprochene Rechtsschutzproblem bei allen in ähnlicher Weise auftritt und daher sehr gut an Hand eines ausgewählten Normenkomplexes abgehandelt zu werden vermag. Die Grundlage für die anschließenden Ausführungen soll mithin das Modell der gewerberechtlichen Errichtungsgenehmigungen bzw. Betriebsbewilligungen bilden.

---

[2]) Bundesgesetz v. 2. 12. 1957, BGBl. Nr. 253.

[3]) Dabei stellt die in den §§ 71 und 72 normierte Zivilflugplatzbewilligung zweifellos eine Errichtungsgenehmigung im hier gebrauchten, später noch eingehender zu erläuternden Sinne dar. Die in § 73 angesprochene „Betriebsaufnahmebewilligung" entspricht der Betriebsbewilligung.

[4]) Bundesgesetz v. 11. 6. 1969, BGBl. Nr. 227

[5]) § 5 Strahlenschutzgesetz behandelt die Errichtung von Anlagen, § 6 die Gestattung des Betriebes. Augenfällig ist die in diesen Bestimmungen erfreulicherweise recht detaillierte Festsetzung der Bedingungen, unter denen die Bewilligungen zu erteilen sind.

[6]) Vgl. dazu ausführlich F. Krzizek, System des österreichischen Baurechts II (Wien, 1974), S. 163 ff. bzw. 249 ff.

[7]) Zum meist unreflektiert gebrauchten, meist keineswegs unmißverständlich abgegrenzten Begriff „Umwelt" vgl. B. Jarbornegg, P. Rummel, R. Strasser, Privatrecht und Umweltschutz, (Bd. 26 d. Schriftenreihe d. Instituts für Kommunalwissenschaften und Umweltschutz, 1976), S. 13 f.

2. Die gewerberechtliche Errichtungsgenehmigung als Rechtsschutzeinrichtung

2.1. Allgemeines

Die potentielle Gefährlichkeit bzw. Umweltschädlichkeit vieler[8]) gewerblicher Betriebsanlagen[9]) gebietet es, derartige Anlagen einer behördlichen Kontrolle zu unterstellen, um die Rechtssphäre von deren Auswirkungen Betroffener in ausreichendem Maße vor Beeinträchtigungen abzuschirmen. Diesem Gebot entsprechend, sieht die Gewerbeordnung (GewO)[10]) in § 74 Abs. 2 vor, daß gewerbliche Betriebsanlagen nur aufgrund einer Genehmigung errichtet oder betrieben werden dürfen, „wenn sie wegen der Verwendung von Maschinen und Geräten, wegen ihrer Betriebsweise, wegen ihrer Ausstattung oder sonst geeignet sind" – und jetzt allgemein formuliert –, bestimmte Menschen in Leben und Gesundheit oder in ihren dinglichen Rechten zu gefährden, sie zu belästigen oder den Betrieb öffentlichen Interessen dienender benachbarter Anlagen oder Einrichtungen zu beeinträchtigen. Weiters sind Genehmigungen unter Bedachtnahme auf Straßenverkehr und Beschaffenheit der Gewässer vorgesehen. Im Lichte dieses kursorischen Überblicks über den Umfang des Schutzbereichs wird die völlige Umgestaltung des Betriebsanlagenrechts gerade in dieser Hinsicht gegenüber der alten GewO offenkundig, die bloß auf den Schutz der Nachbarschaft abgestellt hatte.[11]) Dennoch wird vor allem diesem die Untersuchung in erster Linie zu widmen sein, da die öffentlichen Interessen unter dem Aspekt des individuellen Rechtsschutzes naturgemäß in den Hintergrund treten. Davon jedoch später ausführlicher!

2.2. Der Begriff

An dieser Stelle soll zuvörderst der Begriff der Errichtungsbewilligung einer Klärung zugeführt werden. Wäre man zunächst geneigt, diese Aufgabe wegen der scheinbaren Unmißverständlichkeit als unergiebig abzutun, so wird man durch die Lektüre des § 78 Abs. 2 GewO eines Besseren belehrt, der der Behörde einräumt, bei Anlagen, deren Auswirkungen im Zeitpunkt der Genehmigung nicht ausreichend beurteilt werden können, eine gesonderte Betriebsbewilligung vorzusehen. Dies bedeutet nichts Geringeres, als daß die im § 74 Abs. 2 angesprochene Genehmigung dann, wenn die Behörde im Genehmigungsbescheid den Betrieb der Anlage nicht von einer derartigen zusätzlichen Bewilligung abhängig macht, die Genehmigung zur Errichtung einer Anlage auch die zum Betrieb impliziert. Der einheitliche Akt setzt voraus, daß im Verfahren anläßlich der Errichtung einer genehmigungspflichtigen Betriebsanlage bereits die technischen Belange des Betriebs und dessen Auswirkungen auf

---

[8]) Eine generelle Bewilligungspflicht für gewerbliche Betriebsanlagen existiert nicht, doch ist das Feld der einer solchen unterliegenden Anlagen ein überaus weites, wie insbesondere die reichhaltige Judikatur beweist. Vgl. dazu die Erkenntnisse des VwGH v. 19. 3. 1969, Zl. 202/68, v. 30. 9. 1970, Zl. 832/70 sowie VwSlg. 6236/A u. 6282/A.

[9]) Zum Begriff vgl. § 74 Abs. 1 GewO; siehe auch unten 2. 3. 1.

[10]) BG. v. 29. 11. 1973, BGBl. Nr. 50/1974 i. d. F. des BergG. 1975, BGBl. Nr. 259, der Gewerberechtsnovelle 1976, BGBl. Nr. 253, des PreisG., BGBl. 260/1976 und der Gewerberechtsnovelle 1978, BGBl. Nr. 233.

[11]) Siehe W. Barfuß, Wird die neue Gewerbeordnung das Gewerberecht entscheidend verändern?, in: ÖZW 1974, S. 16.

den Umraum in Betracht gezogen werden. Die Sinnhaftigkeit einer derartigen Vorgangsweise wird wohl kaum zu bestreiten sein, vermag sie doch eben das zu verhindern, was das zentrale Problem dieser Abhandlung ausmacht. Es können einerseits durch die an sich harmlose Errichtung von nicht bereits kraft ihrer Existenz, sondern erst aufgrund ihrer Inbetriebnahme umweltrelevanten Anlagen nicht Tatsachen geschaffen werden, die der Unterbindung negativer Auswirkungen entgegenstehen oder sie gar verhindern, andererseits werden die Errichter von Betriebsstätten davor bewahrt, fruchtlose Aufwendungen (wenn etwa nach Errichtung die Betriebsbewilligung nicht erteilt wird) zu tätigen.[12])

2.3. Voraussetzungen der Genehmigungspflicht und geschützte Interessen

2.3.1.

Die Genehmigungspflicht gewerblicher Betriebsanlagen orientiert sich an deren Eignung, die gemäß § 74 Abs. 2 geschützten Interessen zu gefährden bzw. zu beeinträchtigen. Damit erhebt sich freilich die Frage, wie jene Konstellation, die sich darbietet, wenn eine gewerbliche Betriebsanlage neben umweltbelastenden Anlagenteilen auch vollkommen auswirkungsneutrale Einrichtungen mitumfaßt (etwa Administrationsgebäude), beurteilt werden soll. Dazu meint die ältere Judikatur[13]), unter einer gewerblichen Betriebsanlage sei die Gesamtheit jener Einrichtungen zu verstehen, die dem Zweck des Betriebs eines gewerblichen Unternehmens gewidmet sind. Wollte man diesem Gedanken folgen, so würde dies bedeuten, daß genehmigungspflichtige Teile von Gewerbebetrieben die Genehmigungspflicht der gesamten Betriebsanlage bedingen könnten. Ein Blick auf die neuere Rechtsprechung[14]) läßt nun ein Umschwenken der Gerichtshöfe des öffentlichen Rechtes dahingehend erkennen, daß nur die Errichtung jener Anlagenkomponenten von einer Errichtungsgenehmigung abhängig sein soll, die Gefährdungs- oder Belästigungseignung aufweisen. Dem in Fußnote 14 zitierten Erkenntnis des VfGH (VfSlg. 7125) kann allerdings der Vorwurf empfindlicher Widersprüchlichkeit nicht erspart werden. In dieser seiner Entscheidung nämlich pflichtet der VfGH zunächst der Rechtsansicht der belangten Behörde bei, wonach sich die Genehmigungspflicht auf die gesamte Anlage und nicht nur auf die ihre Genehmigungspflicht bedingenden Teile erstrecke, womit er sich der traditionellen Auffassung anzuschließen scheint; er meint aber dann gleichsam im selben Atemzug, daß die Verweigerung der gewerbebehördlichen Genehmigung nicht ein Verwendungsverbot für jene Objekte der Betriebsanlage bedeute, von denen keinerlei Wirkungen auf die Nachbarschaft auszugehen vermögen. Im Ergebnis weist der VfGH mit seinem Judikat also in die neue Richtung!

Eine Rechtfertigung der gewandelten Ansicht unternimmt Duschanek[15]),

---

[12]) Siehe dazu auch R. Christian, GewO 1973 (Wien, 1974), S. 130.

[13]) Vgl. etwa den Nachweis bei Kobzina-Hrdlicka, GewO 1973 (Wien, 1974), S. 190.

[14]) Vgl. z. B. VwSlg 2467 A, VwGH v. 13. 3. 1974, Zl. 1081/73; VfSlg 7125.

[15]) Vgl. A. Duschanek, Die Genehmigung gewerblicher Betriebsanlagen, in: H. P. Rill, Gewerberecht (Wien, 1978), S. 265.

der auf den früher angenommenen umfassenden Betriebsanlagenbegriff deshalb verzichten zu können glaubt, weil dieser seinerzeit wohl vor allem im Hinblick auf die Erfordernisse des Schutzes der Dienstnehmer, der Kunden und des Gewerbebetreibenden selbst innerhalb der Betriebsstätte vertreten wurde, während für diesen Personenkreis heute aber ohnedies ausreichend vorgesorgt sei. Unter diesem Gesichtspunkt überzeugt auch die Definition der genehmigungspflichtigen Betriebsanlage als das „jeweils organisatorisch oder technisch zusammenhängende sachliche und funktionelle Substrat gewerblicher Tätigkeiten, das ... geeignet ist, Auswirkungen i. S. des § 74 Abs. 2 zu verursachen". Allerdings relativiert ein solches Verständnis die oben getroffene Aussage, die Errichtungsbewilligung sei imstande, die Schaffung faktischer Lagen zu hemmen insoweit, als der Genehmigungspflicht diesbezüglich bloß noch eine eingeschränkte Hinderungswirkung attestiert werden kann.

Zur Begründung der Genehmigungspflicht genügt nach h. M. eine von der Betriebsanlage ausgehende abstrakte Gefährdung.[16]) Demnach kommt es nicht darauf an, daß die jeweilige bestimmte Anlage die von Gesetzes wegen mit der Verweigerung der Genehmigung bedrohten nachteiligen Wirkungen entfaltet, sondern ausschließlich darauf, ob eine Anlage von ihrem Typus her geeignet ist, Gefahren oder Belästigungen hervorzurufen. Entgegen der Ansicht Duschaneks[17]) und i. S. der Rechtsprechung[18]) wird man daher auch davon auszugehen haben, daß selbst Betriebsanlagen, die mit Emissionsschutzvorrichtungen ausgestattet sind, unter die Genehmigungspflicht fallen, soferne sie nicht durch eine Verordnung gemäß § 76 GewO davon befreit sind.

2.3.2.

Die GewO führt in § 74 Abs. 2 die schutzwürdigen Interessen an. Diese sind Leben oder Gesundheit des Gewerbebetreibenden, der nicht den Bestimmungen des Arbeitnehmerschutzgesetzes unterliegenden mittätigen Familienangehörigen, der Nachbarn oder Kunden, die die Betriebsanlage der Art des Betriebs gemäß aufsuchen sowie das Eigentum oder sonstige dingliche Rechte der Nachbarn. Weiters läßt das Gesetz den Nachbarn Schutz vor Belästigungen durch Geruch, Lärm, Staub, Erschütterungen und andere Einwirkungen angedeihen. Schließlich dürfen Betrieb oder Verwendung öffentlichen Interessen dienender benachbarter Anlagen oder Einrichtungen nicht, Sicherheit, Leichtigkeit und Flüssigkeit des Verkehrs an oder auf Straßen mit öffentlichem Verkehr nicht wesentlich beeinträchtigt werden. Ebenso unterliegt, wie schon oben erwähnt, die Beschaffenheit der Gewässer dem gewerberechtlichen Schutz.

Die vorangestellte Aufzählung macht deutlich, daß der Nachbarschutz nach wie vor das Hauptanliegen der Betriebsanlagengenehmigungsvorschriften darstellt. Der Nachbar darf nämlich nicht nur — wie der Gewerbebetreibende, die mittätigen Familienangehörigen und die Kunden — nicht in Leben oder Gesundheit gefährdet werden, es darf zudem — soll nicht eine Genehmigungspflicht begründet werden — nicht einmal die Möglichkeit seiner Belästigung bestehen. Da es in der Praxis sicherlich kaum möglich sein wird, bei Bestehen einer Be-

---

[16]) Vgl. R. Christian, GewO 1973, S. 130.
[17]) Siehe Genehmigung (Anm. 15), S. 268.
[18]) Vgl. VwGH v. 22. 1. 1975, Zl. 706/74 unter Bezugnahme auf VwGH v. 24. 6. 1970, Zl. 1319/68 und 1455/68, 13. 9. 1972, Zl. 449/72.

triebsanlage jegliche Beeinträchtigung von der Nachbarschaft abzuhalten, sieht man sich vor das Problem gestellt, wann denn eine Belästigung vorliegt und wann noch nicht. Es wird letztlich Aufgabe von Rechtssprechung und Lehre sein, diese unbestimmten Rechtsbegriffe [19]) entsprechend abzugrenzen. Dasselbe gilt in Zusammenhang mit dem Schutz des reibungslosen Verkehrsablaufs für die Frage, wann eine w e s e n t l i c h e Beeinträchtigung gegeben sei. Es ist jedoch hier nicht der Ort, sich in eine diesbezügliche Erörterung intensiver zu vertiefen. Überhaupt sollten die vorstehenden Bemerkungen zur Errichtungsbewilligung für die gegenständliche Arbeit ausreichen, da ja nicht die Darstellung des Betriebsanlagenrechts an sich zur Debatte steht.

3. Betriebsbewilligung und Probebetrieb

Die anschließenden Ausführungen erfordern gleich eingangs eine wichtige Klarstellung. Wenn in der Folge von Betriebsbewilligung die Rede sein wird, so ist damit ausschließlich die in der Themenstellung aufscheinende Betriebsbewilligung des § 78 Abs. 2 GewO gemeint, die sich von dem in § 74 Abs. 2 gebrauchten Terminus durchaus unterscheidet. Die Formulierung in § 74 Abs. 2 soll nämlich hauptsächlich dazu dienen, auch bereits bestehende, bisher aber nicht gewerblich genutzte Anlagen einer Genehmigungspflicht unterwerfen zu können. Darüber hinaus gestattet die Bestimmung die Berücksichtigung von Betriebsanlagen, deren Betrieb keiner besonderen Baulichkeiten oder Installationen bedarf und die somit keiner Errichtungsbewilligung unterliegen, wie dies etwa bei Lagerplätzen der Fall ist.[20])

Die Betriebsbewilligung nach § 78 Abs. 2 GewO soll dagegen andere Zwecke erfüllen. Sie kann ausschließlich im Zug einer vorgeschalteten Errichtungsgenehmigung angeordnet werden, und zwar dann, „wenn die Auswirkungen der Anlage oder von Teilen der Anlage im Zeitpunkt der Genehmigung nicht ausreichend beurteilt werden können“. In Ergänzung dazu wird der Behörde die Möglichkeit eingeräumt, einen Probebetrieb zuzulassen oder anzuordnen.

Zur Ergründung der mit der Norm des § 78 Abs. 2 verfolgten Absicht des Gesetzgebers gereicht es zum Vorteil, kurz den bei der Behörde ablaufenden Entscheidungsprozeß zu skizzieren. Im (Errichtungs-) Genehmigungsverfahren hat der Antragsteller der Behörde technische Daten und Planungsunterlagen vorzulegen. Anhand dieser wird daraufhin die Gefährlichkeit oder Belästigungs- bzw. Einwirkungsintensität überprüft und die Anlage — gegebenenfalls unter Vorschreibung geeigneter Auflagen — genehmigt, sofern sie den gesetzlichen Bedingungen entspricht.[21]) Sieht sich die Behörde außerstande, unter Zugrundelegung des zur Verfügung stehenden Materials die Auswirkungen der Anlage ausreichend zu beurteilen, dann muß dies nun nicht zwangsläufig zur Folge haben, daß die Beschaffenheit der Anlage den vorschriftsmäßigen Bestimmungen zuwiderläuft. Offenbar aus diesem Grund will der Gesetzgeber bei Vorliegen einer Situation wie der geschilderten den gestellten

---

[19]) Vgl. dazu E. F o r s t h o f f, Lehrbuch des Verwaltungsrechts I (München, 1973), S. 85 ff.; W o l f f — B a c h o f, Verwaltungsrecht I, § 31 I c.; W. A n t o n i o l l i, Allgemeines Verwaltungsrecht (Wien, 1954), S. 144 f.

[20]) Vgl. dazu A. D u s c h a n e k, Genehmigung (Anm. 15), S. 266.

[21]) Vgl. im Detail § 77 Abs. 1 GewO.

Antrag keineswegs in jedem Fall kategorisch abgewiesen wissen. Diesen Befund legt § 78 Abs. 2 nahe, der die Ziehung des Umkehrschlusses[22]) aus der Bestimmung des § 77 Abs. 1 vereitelt. Der Umkehrschluß würde die Ablehnung eines Genehmigungsantrags bei unzureichender Nachweisbarkeit der gesetzmäßigen Voraussetzungen für eine Genehmigung bedingen. Mit der Ermessenseinräumung[23]) trägt die GewO in der bezeichneten Vorschrift dem Umstand Rechnung, daß lediglich im Einzelfall beurteilt werden kann, wie groß die Wahrscheinlichkeit einer baldigen sicheren Prognose zugunsten des Genehmigungswerbers ist. Allein dann nämlich mag die Gestattung der Errichtung einer Betriebsanlage unter Vorbehalt einer Betriebsbewilligung zweckmäßig und sinnvoll sein.

Die für die Ermessensentscheidung typische Entscheidungsalternative[24]) besteht im diskutierten Zusammenhang in der gänzlichen Abweisung, die vorzunehmen sein wird, wenn die beurteilende Behörde zur Annahme gelangt, daß die Anlage mit größter Wahrscheinlichkeit schädliche Auswirkungen entfalten wird (selbst bei Anordnung von Auflagen), eine absolut sichere Beurteilung jedoch nicht in ihrer Macht steht.

Sein positives Interesse an der Inbetriebnahme von gewerblichen Anlagen bekundet der Gewerberechtsgesetzgeber, indem er sogar die nicht unwesentliche Problematik einer empirischen Feststellung der Auswirkungen von Anlagen durch Gestattung eines Probebetriebs[25]) akzeptiert. Dieser bildet gewissermaßen die ultimo ratio, wenn die rein theoretische Untersuchung anhand der Betriebsbeschreibung keine überzeugenden Ergebnisse liefert.

Die bisherigen Ausführungen zur Betriebsbewilligung basierten vornehmlich auf einer Wortinterpretation der einschlägigen Rechtsnormen und hatten als Folge dessen in der Hauptsache die Genehmigung neuer Technologien vor Augen. Resultat einer derartigen Betrachtungsweise wäre eine deutliche Limitierung des Anwendungsbereichs der Betriebsbewilligung, da die Konfrontation der Behörden mit revolutionären technischen Innovationen gegenüber der unübersehbaren Zahl der Routineangelegenheiten immer Ausnahme bleiben muß.

Ganz anders – nämlich über ein Verständnis wie das geschilderte weit hinausgehend – handhabt die Praxis die Vorschriften betreffend die Betriebsbewilligung. Ihr gilt der Vorbehalt einer Betriebsbewilligung auch als „Kollaudierungsvorbehalt"[26]), als Mittel, um vor Inbetriebnahme einer Anlage überprüfen zu

---

22) Vgl. dazu K. Larenz, Methodenlehre der Rechtswissenschaft (Heidelberg, 1960), S. 295.

23) Daß es sich um eine Ermessensentscheidung handelt, folgt aus der Formulierung „kann . . . anordnen". Vgl. dazu Antonioll i, Verwaltungsrecht (Anm. 19), S. 113; Wolff-Bachof, Verwaltungsrecht I, S. 197; siehe auch VwGH v. 28. 2. 1978 (=ZfVB 1978/5/1890) mit weiteren Nachweisen.

24) Nach h. M. liegt Ermessen dann vor, wenn verschiedene Entscheidungsvarianten vom Gesetzgeber als rechtmäßig anerkannt sind; siehe dazu für viele Eyermann-Fröhler, Verwaltungsgerichtsordnung (7. Aufl., 1977), Rdnr. 7 zu § 114.

25) Ausschließlich zu diesem Zweck ist die Anordnung oder Gestattung eines Probebetriebes zulässig! Unzulässig hingegen ist ein Probebetrieb, wenn er nur dem Betreiber einer Anlage die Erfüllung einer zum Schutze der Nachbarschaft erforderlichen Auflage zur Vermeidung von Immissionen, die bereits im Zeitpunkt der Genehmigung ausreichend beurteilt werden können, innerhalb einer bestimmten Frist ermöglichen soll. VwGH v. 30. 11. 1977, Zl. 945/76 (= ZfVB 1978/2/520).

26) Vgl. dazu F. Krzizek, Die Genehmigung der gewerblichen Betriebsanlage (Wien, 1964), S. 118 ff.

können, ob sie in der der Beschreibung entsprechenden Weise, gegebenenfalls unter Einhaltung der in der Errichtungsgenehmigung enthaltenen Auflagen, vollendet worden ist.[27]). Ob diese Übung der Praxis in der Bestimmung des § 78 Abs. 2 GewO ihre Deckung findet, muß bezweifelt werden. Wird von der Behörde eine gesonderte Betriebsbewilligung zu Kollaudierungszwecken angeordnet, so geschieht dies doch in der Regel gerade deshalb, weil der Behörde die Gefährlichkeit der zu bewilligenden Anlage voll und ganz bewußt und ihr daher an der vorschriftsmäßig – d. h. sicherheitstechnisch einwandfreien – Errichtung der Anlage besonders gelegen ist. Es kann somit keineswegs davon die Rede sein, daß für die Behörde im Zeitpunkt der Erteilung der Errichtungsgenehmigung die eventuellen Auswirkungen der Anlage nicht ausreichend zu beurteilen wären. Zwar legt die Lektüre der Erläuternden Bemerkungen zur Regierungsvorlage der neuen GewO [28]) eine Vorgangsweise wie die in der Verwaltungswirklichkeit gepflogene nahe, doch scheidet ein Zurückgreifen auf die Erläuterungen im Wege der historischen (subjektiven) Interpretationsmethode [29]) im gegebenen Zusammenhang wegen der Eindeutigkeit der Formulierung in § 78 Abs. 2 aus. Weist nämlich der Wortlaut einer Rechtsnorm keine Unklarheiten auf, so kann über die schlichte Wortinterpretation nicht hinausgegangen werden.[30]) Wird sohin eine gewerbliche Betriebsanlagengenehmigung für eine noch so gefährliche bzw. unzumutbare [31]) Belästigungen, Beeinträchtigungen und nachteilige Einwirkungen i. S. d. § 74 Abs. 2 Ziff. 2 – 5 bewirkende Anlage begehrt, dann ist eine einheitliche Errichtungs- und Betriebsgenehmigung zu erteilen, wenn die Gefährlichkeit durch Einbau geeigneter Vorrichtungen beseitigt werden kann, wobei die notwendigen Sicherheitsmaßnahmen mittels entsprechender Auflagen gemäß § 77 Abs. 1 GewO anzuordnen sind. Überdies wäre zu erwägen, ob der Genehmigungsbescheid nicht sogar unter Setzung von Bedingungen [32]) ergehen könnte, obwohl in § 77 Abs. 1 lediglich von Auflagen die Rede ist. Wenn auch für den Einbau von Bedingungen in Rechtsentscheidungen [33]), auf deren Erlassung ein Rechtsanspruch besteht, gefordert wird, daß diese im Gesetz ausdrücklich vorgesehen sein müssen, so wird dessenungeachtet neuerdings verschiedentlich (vor allem in der BRD) die Auffassung vertreten, daß eine Bedingung dennoch gesetzt werden darf, wenn sie lediglich die Erfüllung der gesetzlichen Voraussetzungen des Verwaltungsakts gewährleisten soll. [34]) Der Umstand freilich, daß bei einer drohenden Lebens-,

---

[27]) Auch A. Duschanek, Genehmigung (Anm. 15), S. 302, spricht in diesem Zusammenhang von einem „Kollaudierungsvorbehalt“, ohne jedoch auf die Problematik im einzelnen weiter einzugehen.

[28]) Vgl. 395 d. Beil. sten. Prot. NR. XIII. GP., S. 164.

[29]) Vgl. dazu R. Walter, Österreichisches Bundesverfassungsrecht (Wien, 1972), S. 90.

[30]) Siehe dazu die Rechtsprechung des VfGH, der eine Untersuchung, ob nicht etwa die historische oder teleologische Auslegungsmethode einen anderen Inhalt ergeben würde, als unmöglich erachtet, wenn der völlig eindeutige und klare Wortlaut einer Rechtsnorm keine Zweifel über den Inhalt dieser Regelung aufkommen läßt (vgl. VfSlg. 4440, 4340). In dieselbe Richtung gehen die Äußerungen des VwGH (vgl. VwSlg. 3330 A, 5362 A, 6872 A).

[31]) Zur Frage der Zumutbarkeit vgl. A. Duschanek, Genehmigung (Anm. 15), S. 290 f.

[32]) Zum Unterschied zwischen Bedingung und Auflage siehe Eyermann-Fröhler, Verwaltungsgerichtsordnung (Anm. 24), RdNrn 26 ff. zu § 42 Anh.; Antoniolli, Verwaltungsrecht (Anm. 19), S. 206 ff.; das hier vor allem interessierende Differenzierungsmerkmal besteht darin, daß die Nichterfüllung von Auflagen das Wirksamwerden eines Bescheides nicht beeinträchtigt, während die Erfüllung einer Bedingung Wirksamkeitsvoraussetzung ist.

[33]) Um solche handelt es sich bei Entscheidungen nach § 77 Abs 1!

[34]) Siehe dazu Wolff-Bachoff, Verwaltungsrecht I, S. 411.

Gesundheits- oder Eigentumsgefährdung durch eine genehmigte Betriebsanlage – und eine solche hätte wohl die Nichteinhaltung sicherheitstechnischer Auflagen in der Regel zur Folge – ohnedies eine teilweise oder gänzliche Schließung des Betriebs, die Stillegung von Maschinen oder sonstige die Anlage betreffende Sicherheitsmaßnahmen oder Vorkehrungen[35]) verfügt werden können, rechtfertigt es, diesem Problem nicht weiter nachzugehen, da ja infolgedessen in der Realität durch den Einbau von Auflagen in den Errichtungsgenehmigungsbescheid weitgehend[36]) dieselben Ergebnisse erzielt werden können, die sonst nur mit Hilfe von Bedingungen erreichbar wären. Als weiteres Indiz dafür, daß der Vorbehalt einer gesonderten Betriebsbewilligung zu Zwekken der Kollaudierung als unstatthaft zu qualifizieren ist, wird die Vorschrift des § 359 Abs. 1 GewO zu werten sein, die die Behörde dazu verhält, den Genehmigungswerber im Genehmigungsbescheid zur Anzeige der Fertigstellung seiner Anlage zu verpflichten, wenn dies aus Gründen der Überwachung der Einhaltung von Auflagen notwendig ist. Im Zusammenhang mit der oben zitierten Bestimmung über Stillegung gefahrdrohender Anlagen bildet die letztgenannte Norm das geeignete Instrumentarium zur Verhinderung des Betriebs nicht genehmigungsgerecht errichteter Anlagen.

Für den Genehmigungswerber folgt aus diesem Ergebnis, daß er, sollte die Behörde die Betriebsaufnahme zwecks vorheriger Überprüfung (im Sinn einer bloßen Kollaudierung) von einer eigenen Bewilligung nach § 78 Abs. 2 abhängig machen, gegen den betreffenden Errichtungsgenehmigungsbescheid mittels der allgemein gegen Bescheide zur Verfügung stehenden Rechtsmittel vorgehen kann. Es steht ihm bei einer Sachlage wie der zugrundegelegten eine „volle" Betriebsanlagengenehmigung i. S. des § 74 Abs. 2 zu.

Weiters hat das erarbeitete Resultat zur Konsequenz, daß der Kreis jener Sachverhalte ein relativ begrenzter ist, die für die Problematik der Wirkungen von Errichtungsgenehmigungen auf das Betriebsbewilligungsverfahren unter dem Gesichtspunkt „faktische Lagen" Relevanz besitzen. Er umfaßt im wesentlichen nur jene Betriebsanlagen, deren Auswirkungen mangels Erprobtheit des angewendeten neuen Verfahrens nicht ausreichend zu beurteilen sind. Bei hinlänglich bekannten Verfahren wäre die Anordnung einer Betriebsbewilligung allenfalls dort denkbar, wo eine an sich erprobte Technologie mit Faktoren in Zusammenhang tritt, die geeignet sein könnten, die durchschnittlichen Erfahrungen gegenstandslos werden zu lassen.[37])

4. Das Problem

Die anschließenden Überlegungen sollen der Wechselbeziehung Errichtungsgenehmigung – Betriebsbewilligung gewidmet sein.

Mit der Genehmigung der Errichtung einer Betriebsanlage erhält der Unterneh-

---

35) Vgl. § 360 Abs. 1 GewO.

36) Unzumutbare Belästigungen der Nachbarn durch genehmigte Betriebsanlagen führen gemäß § 360 Abs. 2 **nicht** zur Schließung!

37) Z. B. die Errichtung der Anlage in einem klimatisch besonders ungünstigen Gebiet mit häufigem Tiefdruck oder in extremen Tal- oder Beckenlagen, wodurch die Auswirkungen unvermeidbarer, normalerweise jedoch ungefährlicher Schadstoffemissionen nicht zufriedenstellend abgeschätzt werden können.

mer „grünes Licht" zur Tätigung weitreichender Investitionen. Da in der Regel der industrielle Bereich am stärksten dazu neigt, Gefährdungen und unzumutbare Beeinträchtigungen hervorzurufen und sohin die Behörden in dieser Sparte häufig — wenn nicht regelmäßig — Betriebsbewilligungen vorschreiben, wird man es vielfach mit mehrstelligen Millionenbeträgen zu tun haben. Sind die Anlagen fertiggestellt und in betriebsbereiten Zustand versetzt und gelangt die Behörde nach Prüfung zur Überzeugung, die Voraussetzungen für die Erteilung einer Betriebsbewilligung seien nicht gegeben, so stehen beträchtliche Werte auf dem Spiel, drängen drastische Interessenkollisionen nach Bewältigung. Auf der einen Seite appellieren Bürger, die sich in ihrer Gesundheit, ja in ihrer physischen Existenz bedroht oder auch nur unzumutbar belästigt[38]) fühlen, mit dem Verlangen an die Behörden, ihre gemäß § 74 Abs. 2 GewO ausdrücklich geschützten Rechtsgüter zu gewährleisten. Andererseits lacht es jeder der Vernunft verpflichteten Anschauung Hohn, wollte man volkswirtschaftlich bedeutsame Wertschöpfungen der angesprochenen Art ohne weiteres dem Verfall preisgeben. Eine gänzliche Verweigerung der Betriebsbewilligung darf daher bloß „der Weisheit allerletzter Schluß" sein.[39]) Soweit eine Sanierung der Situation unter Ausgleich der tangierten Interessen im Bereich des Machbaren liegt, sollten daher die zuständigen Stellen eine solche mit Hilfe der nach § 78 Abs. 2 in die Betriebsbewilligung einbaufähigen Auflagen[40]) bewerkstelligen.

Dennoch wird sich selbst bei extensiver Anwendung von Auflagen in einzelnen Fällen die Abweisung von Betriebsbewilligungsbegehren nicht vermeiden lassen, soferne Gefährdungen der durch § 74 Abs. 2 geschützten Interessen bzw. unzumutbare Belästigungen oder Beeinträchtigungen nicht beseitigt werden können. Dem Hinweis, Gegebenheiten wie diese seien ohnehin als unproblematisch zu bewerten, da es sich bei der Entscheidung über die Erteilung einer Betriebsbewilligung um eine Rechtsentscheidung handle, der Entscheidungsträger daher bei Vorliegen der Voraussetzungen lediglich eine einzige, von den Gerichtshöfen des öffentlichen Rechtes voll überprüfbare Rechtsfolge in Form der Verweigerung der Bewilligung verhängen dürfe, ist nur bedingt beizupflichten; denn selbst Rechtsentscheidungen weisen mitunter nicht unbeträchtliche Unsicherheitsfaktoren auf. Auf die zahlreichen dogmatischen Probleme im Zusammenhang mit „unbestimmten Rechtsbegriffen"[41]) und dem Begriff des „Beurteilungsspielraums"[42]) ist jedoch hier nicht weiter einzugehen. Die für die

---

[38]) Zur Schwierigkeit der Trennung von unzumutbaren Belästigungen und Gesundheitsbeeinträchtigungen vgl. den Beitrag von E. Langeder an anderer Stelle dieses Bandes.

[39]) A. Duschanek leugnet die Möglichkeit einer Versagung der Bewilligung im Verfahren nach § 78 Abs. 2 GewO zur Gänze, bleibt jedoch jede Begründung schuldig; vgl. dazu Genehmigung (Anm. 15), S. 302.

[40]) Bezüglich des Inhalts dieser Auflagen und insbesondere der Frage, ob die Auflagen über technische Anweisungen hinausgehend die Bezahlung von Ablösen an betroffene Nachbarn zum Zwecke der Umsiedlung zum Gegenstand haben können, siehe ebenfalls die Arbeit von Langeder über nachträgliche Auflagen gemäß § 79 GewO. Die Zulässigkeit eines diesbezüglichen Verweises ergibt sich m. E. aus den analog gelagerten Fällen, da auch die Auflagen nach § 78 Abs. 2 letztlich „nachträgliche Auflagen" darstellen, betreffen sie doch wie diese vollkommen betriebsbereite Anlagen. Die Diskrepanz liegt im wesentlichen allein im früheren Einsetzen der Auflage nach § 78 Abs. 2 (nämlich im Rahmen der Betriebsbewilligung!).

[41]) Vgl. oben Fußnote 19.

[42]) Vgl. dazu für viele O. Bachof, Beurteilungsspielraum, Ermessen und unbestimmter Rechtsbegriff, in: JZ 1955, S. 97 ff.; C. H. Ule, Zur Anwendung unbestimmter Rechtsbegriffe im Verwaltungsrecht, in: Gschr. für W. Jellinek (München, 1955), S. 309 ff.

vorliegende Betrachtung maßgeblichen Termini „Gesundheit" und „unzumutbare Belästigungen"[43]) bergen jedenfalls insofern Gefahren in sich, als die Behörden — gleichsam unter dem Motto, daß „nicht sein kann, was nicht sein darf" — dazu tendieren könnten, die Inbetriebnahme von Anlagen als „gerade noch nicht" gesundheitsgefährdend oder unzumutbar belästigend bzw. beeinträchtigend zu genehmigen — etwa im Dienst der in der tagespolitischen Diskussion derzeit an vorderster Front rangierenden Arbeitsplatzsicherung und -beschaffung einerseits, im Zurückschrecken vor der wirtschaftlichen Vernichtung des Bewilligungswerbers andererseits.

Bedenken hinsichtlich eines ausreichenden Rechtsschutzes der Betroffenen fordert überdies die Bestimmung des § 356 Abs. 4 GewO heraus, nach der — ist die Errichtungsgenehmigung erst einmal erteilt — selbst Nachbarn, denen im Errichtungsgenehmigungsverfahren Parteistellung zugekommen ist[44]), im Betriebsbewilligungsverfahren nur dann Parteistellung genießen, wenn andere oder zusätzliche Auflagen vorgeschrieben werden. Wer hingegen im Errichtungsgenehmigungsverfahren gar keine Einwendungen erhoben hat, scheidet als Partei von vornherein aus. Wegen der geringen Transparenz komplexer technischer Verfahren kann nun aber der Laie im Planungsstadium kaum Gefährlichkeit und Belästigungseignung einer Anlage beurteilen. Er wird daher vielfach im Vertrauen auf den Sachverstand der Behörden gegen eine (häufig unter sicherheitstechnischen Auflagen erteilte) Errichtungsgenehmigung keine Rechtsmittel einlegen und sich damit jeder Möglichkeit weiterer Einflußnahme im Betriebsbewilligungsverfahren begeben.

Unter diesem Gesichtspunkt verdichtet sich somit die Gefahr von Konzessionen an den „ökonomischen Sachzwang" in Gestalt einer Überbetonung rein wirtschaftlicher Argumente gegenüber dem Erfordernis der Gewährleistung ausreichender Lebensqualität.

Daß sich der Kreis der unter den hier erörterten Gesichtspunkten interessierenden Sachverhalte — wie weiter oben ausgeführt — als ein relativ begrenzter präsentiert, tut im übrigen der Tragweite des Problems der „faktischen Rechtslagen" keinen Abbruch. Scheidet man auch die Fälle der Betriebsbewilligung zu Kollaudierungszwecken als rechtlich unzulässig aus, so wird die Problematik bloß auf eine andere Ebene verlagert, da bei einer notwendigen Stillegung gemäß § 360 Abs. 2 GewO die geschaffenen Fakten sicher genauso schwer ins Gewicht fallen wie im Verhältnis Errichtungsgenehmigung — Betriebsbewilligung.

Es fragt sich nun, wie die Gewerbebehörden im Einzelfall dazu veranlaßt werden können, entgegen die oben aufgezeigten volkswirtschaftlichen (Arbeitsplätze!) oder unternehmerischen Interessen und im Sinn des Rechtsschutzes der betroffenen Nachbarn und der sonstigen Begünstigten des § 74 Abs. 2 Z. 1 — 5 eine Betriebsbewilligung in Erfüllung der gesetzlichen Anforderungen zu verweigern. Abgesehen von den Fällen akuter Lebens- und Gesundheitsgefährdungen, in denen die Bevorzugung ökonomischer Interessen durch die Behörden zweifellos schlechthin auszuschließen ist, lautet die Antwort dahingehend,

---

[43]) Vgl. § 77 Abs. 1 GewO unter Verweis auf § 74 Abs. 2 Z 2 — 5.
[44]) Vgl. § 356 Abs. 3 GewO.

daß der Druck volkswirtschaftlicher Argumente vermittels des zur Verfügung stehenden rechtlichen Instrumentariums wohl kaum zu beseitigen sein wird. Hingegen könnte der in der Praxis oft sehr deutlich ins Gewicht fallende Gesichtspunkt der Zerstörung der wirtschaftlichen Existenz des Bewilligungswerbers mit allen ihren Begleiterscheinungen (Anschlußkonkurse etc.) bei Bestehen einer Entschädigungsverpflichtung des Staates gegenüber dem abschlägig beschiedenen Unternehmer ohne weiteres vernachlässigt werden. Der Nachweis einer an einen behördlichen Akt anknüpfenden Entschädigungspflicht setzt nun — soweit sie nicht ausdrücklich gesetzlich (etwa aus Billigkeitsgründen) vorgesehen ist oder auf Amtshaftungsansprüche zurückgeht — voraus, daß mit der staatlichen Maßnahme ein enteignender Eingriff in das verfassungsgesetzlich gewährleistete Eigentumsrecht[45]) verbunden ist.[46]) Ein Eingriff dieser Art liegt allerdings bei rechtmäßiger Verweigerung einer Betriebsbewilligung nicht vor! Als rechtmäßig ist die Verweigerung dann zu qualifizieren, wenn sie erfolgt, weil sich die Auswirkungen einer Anlage, die im Zeitpunkt der Erteilung der Errichtungsgenehmigung nicht ausreichend beurteilt werden konnten, als den gesetzlichen Vorschriften zuwiderlaufend erweisen und durch Auflagen nicht zu beseitigen sind. An der Enteignungsqualität einer Maßnahme wie der dargelegten gebricht es deshalb, weil das Eigentumsrecht an einer gewerblichen Betriebsanlage dann, wenn im Betriebsanlagengenehmigungsverfahren eine von der Errichtungsgenehmigung getrennte Betriebsbewilligung vorgesehen wurde, von Anfang an als ein bloß eingeschränktes zu erachten ist, welches eben das Recht auf Betrieb der Anlage nicht mitumfaßt. Durch die bescheidmäßige Abweisung des Betriebsbewilligungsantrages werden sohin bestehende subjektive Rechtspositionen nicht tangiert.[47]) Ein Eigentumseingriff läßt sich darüber hinaus auch nicht anhand der von der neueren Lehre nachgewiesenen Eigentums wert garantie[48]) belegen, da in den hier interessierenden Fällen neuer technischer Verfahren das wirtschaftliche Risiko einer Nichterteilung der Betriebsbewilligung eindeutig zu Lasten des Unternehmers geht. Anders formuliert ist der Wert solcher Betriebsanlagen vor Erteilung der Bewilligung dem Wert einer nicht betriebsfähigen Anlage gleichzuhalten und als solcher u. U. minimal im Vergleich zu den getätigten Investitionen. Er wird durch die Verweigerung der Bewilligung kaum weiter reduziert!

Aus dem solchermaßen gewonnenen Ergebnis geht hervor, daß eine staatliche

---

[45]) Vgl. Art 5 StGG; Art 1 des 1. ZPMRK.

[46]) Die Entschädigungspflicht bei Eigentumseingriffen wird derzeit von der gesamten Lehre vertreten. Auch der VfGH neigt neuerdings im Gegensatz zu seiner früheren Judikatur zu einer Anerkennung der Entschädigungspflicht, allerdings nur dort, wo sie sich aus der Verletzung des Gleichheitssatzes begründen läßt. Vgl. dazu die Kritik bei Fröhler-Oberndorfer, Österreichisches Raumordnungsrecht (Linz, 1975), S. 186 ff.

[47]) Nach h. L. und Judikatur ist wesentliches Merkmal einer Enteignung die Entziehung subjektiver privater Rechte und deren Übertragung auf andere Personen. Vgl. F. Ermacora, Handbuch der Grundfreiheiten und der Menschenrechte (Wien, 1963), S. 160 u. die Darstellung der Judikatur bei Fröhler-Oberndorfer, Bodenordnung und Eigentumsgarantie (Bd. 19 d. Schriftenreihe d. Instituts für Kommunalwissenschaften und Umweltschutz, 1975), S. 30.

[48]) Vgl. Fröhler-Oberndorfer, Bodenordnung (Anm. 47), S. 30, und schon zuvor L. Fröhler, Die verfassungrechtliche Grundlegung des sozialen Rechtsstaats in der Bundesrepublik Deutschland und in der Republik Österreich (München, 1967), S. 43, wo die Eigentumsrechtsgarantie ohne Transformierung in eine durch den Sozialstaatsgedanken postulierte Eigentumswertgarantie als praktisch wertlos qualifiziert wird.

Entschädigungsleistung im diskutierten Zusammenhang ausscheidet. Dies zieht nach sich, daß die im Gefolge der Abweisung eines Betriebsbewilligungsbegehrens drohende Zerstörung der wirtschaftlichen Existenz eines Unternehmers weiterhin mit unverminderter Intensität auf die entscheidende Behörde wirken und ihre Entschlüsse beeinflussen wird.

All dies unterstreicht den Eindruck, daß einmal in Form von Betriebsanlagen geschaffene Fakten kraft ihres ökonomischen Gewichtes in der Praxis trotz schädlicher Wirkungen geeignet sein können, bestehende Umweltinteressen zu verdrängen. Effizent kann dem im Zusammenhang mit der Erteilung von Betriebsbewilligungen offensichtlich nur in der Weise begegnet werden, daß von vornherein die *Errichtung* von Betriebsanlagen nach Kräften hintangehalten wird, wenn deren Auswirkungen im Planungsstadium nicht in ausreichendem Maße beurteilt werden können. Vorsicht sollten die Behörden vornehmlich dort walten lassen, wo Genehmigungswerber mit ihren Anlagen den Rahmen der gesetzlichen Zulässigkeitsvoraussetzungen voll auszuschöpfen trachten. Nähert sich etwa eine Anlage mit ihren prognostizierten Emissionswerten hart dem Limit, jenseits dessen unzumutbare Belästigungen oder Gesundheitsgefährdungen einsetzen, dann ist die Gefahr einer Überschreitung dieser Grenze nicht zu unterschätzen. Es erscheint daher in den angesprochenen Fällen tunlich, von dem in § 78 Abs. 2 GewO eingeräumten Ermessen keinen Gebrauch zu machen, d. h. keine Errichtungsgenehmigung unter Vorbehalt einer späteren Betriebsbewilligung zu erteilen. Um die Schaffung faktischer Rechtslagen mit deren ausführlich erörterten Gefahren zu unterbinden, sollte dieses Instrument vielmehr nur dann in Anwendung gebracht werden, wenn ausreichende Sicherheitsreserven vorhanden sind, also ein gewisser Spielraum zwischen dem Ausmaß der aufgrund der Planungsunterlagen zu erwartenden Wirkungen und dem zulässigen Höchstmaß. Wie dieser „Sicherheitspolster" im Einzelfall auszusehen hat, kann vom Juristen in Ermangelung des nötigen technischen Sachverstandes freilich nicht beantwortet werden. Die Beurteilung dessen muß Aufgabe der einschlägigen Experten sein.

5. Schlußbemerkung

Die im Rahmen dieses Beitrags angestellten Überlegungen führen zu dem Ergebnis, daß das gewerberechtliche Betriebsbewilligungsverfahren auf der Basis der gegenwärtigen Rechtslage nicht zur Gänze vom Druck faktischer Gegebenheiten, die aufgrund einer gewerberechtlichen Errichtungsbewilligung geschaffen wurden, befreit werden kann. In einem kleineren Rahmen dürften sogar bereits Errichtungsgenehmigungen einem derartigen Druck ausgesetzt sein, was aus dem oben[49]) zur Sprache gebrachten neuen (engeren) Verständnis der genehmigungspflichtigen Betriebsanlage folgt, welches eine Genehmigung bloß für jene Betriebskomponenten erfordert, die geeignet sind, Auswirkungen i. S. des § 74 Abs. 2 GewO hervorzurufen. Dies hat nämlich zur Folge, daß eine Reihe von Anlageteilen ohne Bewilligung errichtet werden kann, die dann „faktische Lagen" im besprochenen Sinn darstellen.

Somit vermögen die hier gewonnenen Erkenntnisse bzw. die angebotenen Vorschläge die Problematik allenfalls zu mildern, nicht jedoch zu lösen.

---

[49]) Siehe dazu oben S. 30 f.

Ewald Langeder

Ökonomischer Sachzwang und Verhängung nachträglicher Auflagen gemäß § 79 Abs. 1 GewO

Dr. Ewald Langeder, Univ.-Ass. am Institut für Wirtschaftsrecht
der Johannes-Kepler-Universität Linz

I. VORBEMERKUNG

Die folgenden Ausführungen handeln von einem Phänomen der Rechtswirklichkeit, das man mit „Eigengewicht getätigter Investitionen“ [1]) etikettieren kann. Die mit ihm verbundene Problematik drängte zuerst vor und vor allem im Planungsrecht zur Reflexion.[2]) Forsthoff [3]) meint dazu: „Die Beschränkung des Rechtsschutzes ... auf die letzte Phase des Planungsverfahrens hat vielfach eine Minderung der Position des Rechtsuchenden zur Folge. Das hängt mit dem Zeitfaktor zusammen. Nach dem zunächst einmal gültigen Plan wird verfahren. Damit entstehen vollendete Tatsachen (Bauten, Verkehrswege usw., unter Umständen unter Einsatz hoher finanzieller Mittel erstellt), ehe der Rechtsuchende mit seiner Klage zum Zuge kommt. Man wird es den Gerichten nicht verübeln können, wenn sie angesichts einer solchen Sachlage nur schwer dazu zu bewegen sind, einem an sich begründeten Rechtsschutzbegehren stattzugeben.“ Man spricht in diesem Zusammenhang auch gerne von „vollendeten Tatsachen“ [4]) und sogar von „faktischen Rechts(!)lagen“.[5]) Bei Durchsetzung des Rechts ist u. U. nicht nur ein Investitionsverlust, sondern auch eine Reihe anderer Nachteile zu besorgen: das Hinfälligwerden von Anschlußplanungen, die Enttäuschung privater und hoheitlicher Dispositionen, Durchkreuzung von Raumplanungen usw.[6])

Damit ist ein Problem von umfassender Dimension angesprochen: Sachzwang contra Rechtsstaat. In dieser simplen Alternativformulierung kann und hat der Jurist seine Stellungnahme auf einen Satz zu beschränken: Er hat sich auf den Standpunkt des Rechts zu stellen. Losgelöst von dieser vereinfachenden Problemsicht ist die Aufgabe des Juristen dahingehend zu formulieren: Einfügung der Vernunftlösung in die Rechtsordnung unter Zuhilfenahme des traditionellen juristischen Instumentariums. Der allfällige Vorwurf, daß hier der pragmatischen Lösung ihre rechtliche Begründung nachgeliefert wird [7]), wird entkräftet durch den Hinweis darauf, daß dieses Verfahren dem Grundsatz: „fiat iustitia, pereat mundus“ allemal überlegen ist, zumal der Regreß auf das Gesetz ja nicht unversucht bleibt.

Ausgehend von diesen Bemerkungen ist das Arbeitsziel dieses Beitrages so zu beschreiben: Es wird — am konkreten Fall des § 79 Abs. 1 GewO — versucht, nachzuweisen, daß die positive Rechtslage elastischer ist, als unreflektierte Gesetzeslektüre es suggeriert. Es stellt sich vielmehr heraus, daß Raum für eine Berücksichtigung gesamtwirtschaftlicher Interessen beim Vollzug des

---

[1]) W. Blümel, Planung und Verwaltungsgerichtsbarkeit, in: DVBl 1975, S. 701.

[2]) Nachweise bei Chr. Degenhart, Vollendete Tatsachen und faktische Rechtslagen im Verwaltungsrecht, in AÖR 1978, S. 165 unter Anm. 6.

[3]) Lehrbuch des Verwaltungsrechts, Bd. 1 (10. Aufl.), S. 311.

[4]) So z. B. W. Blümel, Raumplanung, vollendete Tatsachen und Rechtsschutz, in: Festgabe für Forsthoff, 1967, S. 133 ff.

[5]) Chr. Degenhart, Tatsachen (Anm. 2), S. 167.

[6]) Chr. Degenhart, Tatsachen (Anm. 2), S. 172.

[7]) Schärfer formuliert: Der Vorwurf der Entscheidungsfindung aufgrund metarechtlicher Wertungen. Selbstverständlich wird hier die Problematik des Regresses auf Kategorien wie „Natur der Sache“ und ähnliche Evidenzkriterien (vgl. dazu K. Grimmer, Die Normativität des Faktischen (1971), passim) nicht übersehen. Ebensowenig darf vergessen werden, daß es bislang noch nicht gelungen ist, sie mit befriedigenden Ergebnissen aus der juristischen Argumentationsweise zu verbannen.

Rechts der Auflagen für Betriebsanlagen besteht. Zugleich ist aufzuzeigen, wo die rechtsstaatliche Toleranzschwelle überschritten wird, denn auch die „freizügigste“ Interpretation der einschlägigen Gesetzesstellen der GewO deckt einen hemmungslosen wirtschaftlichen Opportunismus nicht.

II. DER REGELUNGSINHALT DES § 79 ABS. 1 GEWO UND DESSEN BEDEUTUNG FÜR DAS THEMA

1. Einleitung

Das „Eigengewicht getätigter Investitionen“ spielt erwartungsgemäß eine Rolle im Zusammenhang mit § 79 GewO[8]): Regelungen wie die des § 79 GewO[9]) berühren das Kernproblem des Umweltschutzes, die Lösung des vielzitierten Zielkonfliktes zwischen Umweltschutz und wirtschaftlichen Interessen.[10]) Diesem Zielkonflikt trägt § 79 GewO dadurch Rechnung, daß er abweichend vom allgemeinen Rechtskraftmuster für begünstigende Bescheide[11]) den begünstigenden Inhalt des Betriebsanlagengenehmigungsbescheides nicht stabil werden läßt.[12]) Die wirtschaftlichen Interessen sind zunächst jene der von den umweltschützenden Maßnahmen wirtschaftlich betroffenen Unternehmen. Geschützt sind verschiedene Personengruppen (vgl. § 74 Abs. 2), wobei eine Abstufung nach Art der Beeinträchtigung vorgesehen ist: während bei Gefährdung von Leben und Gesundheit die nachträgliche Auflage auf jeden Fall zu verhängen ist, ist die Zulässigkeit nachträglicher Auflagen bei bloßen Belästigungen (unter diesem Begriff seien i. d. F. alle in § 74 Abs. 2 erwähnten Beeinträchtigungen außerhalb von Gefährdung von Leben und Gesundheit zusammengefaßt) abhängig von der wirtschaftlichen Zumutbarkeit für den Betriebsinhaber. § 79 Abs. 1 GewO konstituiert mithin folgende Interessenhierarchie: 1. Leben und Gesundheit; 2. wirtschaftliche Interessen des Betriebsanlageninhabers, näherhin beschrieben durch das Kriterium der wirtschaftlichen Zumutbarkeit der nachträglichen Auflage; 3. die sonstigen in § 74 Abs. 2 aufgezählten Interessen (Kirchenruhe etc.).[13])

---

[8]) Chr. Degenhart, Tatsachen (Anm. 2), S. 173.

[9]) Im Genehmigungsverfahren werden dieselben Probleme, wenn auch in geringerem Ausmaß (das Faktum getätigter Investitionen liegt eben noch nicht vor), akut.

[10]) Vgl. O. Schlichter, Gesetzgebung und Rechtsprechung im Spannungsfeld zwischen Umweltschutz und Wirtschaft, in: GewArch 1978, S. 313 ff., passim; G. Feldhaus, Zumutbarkeitsgrenzen als Wege zur Konfliktlösung, in: DVBl 1979, S. 301, der auch von „Antithese“ spricht.

[11]) Begünstigende Bescheide treten sofort in Rechtskraft — vgl. Walter-Mayer, Grundriß des Österreichischen Verwaltungsverfahrensrechtes, S. 142.

[12]) Inwieweit diese Labilität nicht schon im AVG seinen normativen Niederschlag gefunden hat, hängt davon ab, ob man in § 68 Abs. 3 AVG eine reine Verfahrensnorm sieht; vgl. dazu: F. Kopp, Probleme der Abänderung und Behebung von Bescheiden gemäß § 68 AVG, in: ZfV 1977, S. 391 ff.

[13]) Die nach dem Immissionsschutzrecht der BRD ähnliche Dominanz des Umweltschutzbelanges hat dazu geführt, daß von einer „monofinalen Struktur“ gesprochen wird — vgl. G. Feldhaus, Zumutbarkeitsgrenzen (Anm. 10), S. 302.

Das Problemfeld: „Interessenkonflikt Ökonomie/Ökologie“ hat in der gesetzlichen Auflistung der Präferenzen keine Aufnahme gefunden. Von dem wirtschaftlichen Interesse des einzelnen betroffenen Unternehmers sind die wirtschaftlichen Interessen eines sehr weiten, von den wirtschaftlichen Folgewirkungen umweltschützender Maßnahmen u. U. in ihrer Existenz stärker als der Unternehmer betroffenen Personenkreises streng zu unterscheiden: Die unternehmerischen Interessen können, aber müssen nicht zugleich Interessen des wirtschaftlichen Gemeinwohles sein.[14]) Dieser Personenkreis ist auch nicht zu identifizieren mit den in § 74 Abs. 2 genannten Personen. Es geht um die bereits angesprochenen allgemein-ökonomischen Interessen. Als Untergesichtspunkte sind zu nennen: Arbeitsplatzsicherung, Vermeidung von Wettbewerbsverzerrungen, Erhaltung der Wettbewerbsfähigkeit der inländischen Wirtschaft, Vermeidung von Investitionsvergeudung, Allokationsvorteile, Erhaltung von Steuerquellen, Gefährdung der Versorgung von Industriezweigen mit bestimmten Gütern und derlei mehr.

Die rechtliche Bewertung der Berücksichtigung allgemein-ökonomischer Interessen hängt ab von der Antwort auf folgende Frage: Hat der Gesetzgeber der von ihm intendierten Interessenhierarchie im Wortlaut des § 79 GewO deutlich genug Ausdruck verliehen, ist also das Schweigen des Gesetzgebers in bezug auf den allgemein-wirtschaftlichen Aspekt als Hinweis auf dessen Unbeachtlichkeit zu deuten; oder ist, wie die historische Preußische Technische Anleitung es vorsah, „zu erwägen, ob jene Nachteile, Gefahren oder Belästigungen dasjenige Maß überschreiten, dessen Duldung der für die allgemeine Wohlfahrt unentbehrlichen Industrie angesonnen werden kann“? [15]) Eine erste Antwort ergibt sich aus dem Gesundheitsbegriff des § 79 Abs. 1 GewO.

2. Auslegung des Gesundheitsbegriffes des § 79 Abs. 1 GewO

Das durch das Schweigen der Textierung des § 79 Abs. 1 GewO suggerierte Koppelungsverbot der Verhängung nachträglicher Auflagen unter dem Titel der Gesundheitsgefährdung mit einer Prüfung von dem Unternehmerinteresse unabhängiger wirtschaftlicher Aspekte erweckt einen falschen Anschein. Näheres Hinsehen erweist, daß der Gesetzestext durch die gewählte Formulierung ungewollt ein unrealistisches Idealbild zeichnet. Das ergibt sich daraus, daß der normativen Intention des Gesundheitsbegriffes immanente Schranken eigen sind. Zum Nachweis und zur Verdeutlichung sei auf folgendes verwiesen: Massengesundheit und wirtschaftliche Interessen (nicht bloß zu verstehen als Interessen einer geringen Zahl von Produktionskapitalseignern, sondern auch als gesamtgesellschaftliches Interesse an Wirtschaftswachstum und industriell-technischem Fortschritt, letztlich an einem bequemen Leben verbunden mit den Annehmlichkeiten des Konsumgüterangebotes entwickelter Industrieländer) stehen zueinander im Verhältnis einer Wechselbeziehung der-

[14]) Den durch die GewO getroffenen Ausgleich der Unternehmerinteressen und der Umweltschutzbelange behandelt H. Lenz, Gewerbebetrieb und Umweltschutz, in: Fröhler-Pindur, (Hg.), Ausgewählte Rechtsprobleme des Umweltschutzes (Bd. 23 d. Schriftenreihe d. Instituts für Kommunalwissenschaften und Umweltschutz, 1976), S. 65 ff., 81 ff.

art, daß jeder Schritt in Richtung der Verwirklichung des einen Zieles notwendig auf Kosten des anderen Zieles geschieht. Die Industriestaaten leben daher durchwegs in einer Kompromißsituation: Man ist geneigt, den Kostenaspekt bei sehr schädlichen Umwelteinflüssen zu „vergessen" (z. B. teure Schutzvorkehrungen in der chemischen Industrie); man verzichtet umgekehrt bis zu einem gewissen Maß auf Gesundheit dort, wo der gesundheitliche Schaden nicht unmittelbar eintritt, aber ein erhebliches wirtschaftliches Interesse an der Aufrechterhaltung der Gefahrenquelle besteht (z. B. toleriert man ein bestimmtes Maß an Luftverunreinigungen; niemand würde aber zu behaupten wagen, die Stadtluft sei ebenso „gesund" wie die Landluft).

Es hieße den Sinn des § 79 GewO exzessiv überdehnen, würde man ihm unterlegen, er wolle auch minimale Gesundheitsgefährdungen ohne Seitenblick auf die wirtschaftliche Situation unterbinden. Wäre diese Auslegung richtig, hätte es der einfache Gesetzgeber in sozialstaatsfremder Weise der Verwaltung anheimgestellt (ja sie sogar verpflichtet), durch eine rigide Genehmigungs- und Auflagenpolitik die Volkswirtschaft zu ruinieren. Weil dem Gesetzgeber diese Intention nicht unterschoben werden kann, ergibt sich zwangsläufig ein Bereich unerheblicher (d. h. bei Vorliegen gravierender ökonomischer Gegengründe nicht zu beachtender, minimaler) Gesundheitsgefährdungen.

Daraus folgt, daß zur Interpretation des gewerbepolizeilichen Gesundheitsbegriffes keine strenge medizinische Definition herangezogen werden kann. Ungeeignet ist daher etwa folgende Begriffsbestimmung: Krankheit ist die „Gesamtheit aufeinanderfolgender, abnorm gearteter Reaktionen eines Organismus oder seiner Teile auf einen krankmachenden Reiz" (Roessle).[16]) Angemessen erscheint die Formulierung der VDI-Richtlinie.[17]) „Eine Gesundheitsschädigung liegt vor, wenn durch unmittelbare Einwirkung luftverunreinigender Stoffe funktionelle oder morphologische Veränderungen des menschlichen Organismus eingetreten sind, die die natürliche Variationsbreite signifikant übersteigen." Das Signifikanzkriterium ebenso wie das Abstellen auf einen durchschnittlich gesunden Menschen[18]) illustriert schon sehr deutlich die Unschärfe des Gesundheitsbegriffes. Ein anderes Unschärfemoment ergibt sich aus dem oben geschilderten Befund, daß eine dem modernen Sozialstaatsdenken angemessene Wirtschaftspolitik über ein bestimmtes Maß von Gesundheitsbeeinträchtigungen hinwegsieht. Ein weiterer Punkt betrifft das Kausalitätsproblem (welche Stoffe wirken krebserregend?) bzw. das Quantitätsproblem: Die Vollziehung sieht sich mit der Aufgabe konfrontiert, hoheitlich eine bestimmte Dosis (wobei der Mengenfaktor nicht isoliert vom Zeitfaktor gesehen werden kann!) von Umweltbelastung zu fixieren, sohin genaue Quantitäten festzulegen, wo die Medizin u. U. recht vorsichtige Angaben macht. Welche Unsicherheiten das Zusammenspiel dieser drei Unschärfemomente mit sich bringt, sei aufgezeigt am Beispiel der Neurosenverursachung durch Lärm: Es gilt festzustellen: 1.: welchen Zustand bezeichnet man (im Hinblick auf die mehrfach zitierte Erheblichkeit) als neurotisch?; 2.: welches

---

[15]) Zit. nach G. Feldhaus, Zumutbarkeitsgrenzen (Anm. 10), S. 305.

[16]) Zit. nach Pschyrembel, Klinisches Wörterbuch (1969), unter dem Stichwort „Krankheit".

[17]) Zit. nach G. Feldhaus, Kommentar zum Bundesimmissionsschutzrecht, Bd. 1, Anm. 7 zu § 3 BImSchG.

[18]) Das Kriterium des durchschnittlichen Menschen ist explizit für die Erheblichkeit der Belästigung in § 77 Abs. 2 angesprochen.

Lärmquantum (verteilt über welchen Zeitraum?) führt bei einem durchschnittlich gesunden (?) Menschen zu diesem Zustand bzw. bei nachträglichen Maßnahmen: wie vielen von den Nachbarn, Arbeitern usw. muß die Neurose drohen, damit man ausschließen kann, es treffe besonders Empfindliche?

Es folgt aus der Natur des Gegenstandes, daß die Probleme in anderen Rechtsordnungen ähnlich liegen müssen. Instruktiv ist ein Seitenblick auf die bundesdeutsche Rechtslage: Das im Zusammenhang mit Störungen, Nachteilen und Belästigungen im BImSchG. genannte Erheblichkeitskriterium fehlt im Zusammenhang mit dem Gefahrenbegriff; daraus schließt Feldhaus: „Gesundheitsschäden sind stets erheblich"[19]), womit freilich über die Abgrenzung zwischen Belästigung und Gesundheitsgefährdung noch nichts ausgesagt und die oben aufgestellte These vom Belästigungscharakter minimaler Gesundheitsgefährdungen nicht widerlegt ist. Feldhaus selbst betont mehrfach und mit Nachdruck, daß die Gesundheitsgefährdung sehr häufig nicht eindeutig abgrenzbar ist gegenüber erheblichen Störungen, Nachteilen und Belästigungen:[20]) „Der Inhalt der Begriffe ... ist oft nicht exakt bestimmbar, eine präzise Abgrenzung untereinander deshalb häufig nicht möglich. Vielfach gehen die Begriffsinhalte ineinander über. Es handelt sich um wertbestimmte Begriffe, die sich einer Präzisierung im Grenzbereich entziehen."[21]) Ule[22]) ist daher für die Heranziehung der Vertretbarkeitslehre (s. u. III. 5.) eingetreten. Feldhaus[23]) möchte Ules Meinung nur gelten lassen, was die unterste Stufe der schädlichen Umwelteinwirkung (wann beginnt eine erhebliche Benachteiligung oder Belästigung?) betrifft. Darüber hinaus leugnet er den Bedarf nach Ules Konstruktion, weil sich die Rechtsfolgen regelmäßig nicht voneinander unterscheiden.[24]) Ob ihm in dieser Frage rechtzugeben ist, braucht hier nicht entschieden zu werden. Worauf es ankommt, ist, daß den zitierten Ausführungen beider Autoren Konsens darüber zu entnehmen ist, daß die Vertretbarkeitslehre dort anzuwenden ist, wo die Begriffsunterscheidung rechtsfolgenrelevant ist. Genau das trifft für die vorliegende Problemstellung (Abgrenzung Belästigung/Gesundheitsgefährdung nach österreichischem Recht) zu.

Als Zwischenergebnis ist festzuhalten: eine Kombination unbestimmter Gesetzesbegriffe entrückt den Vollzug des § 79 Abs. 1 GewO dem Bereich der gebundenen Verwaltung. Die oben unter dem Stichwort „immanente Schranken des Gesundheitsgefährdungsbegriffes" angestellten Überlegungen beweisen, daß der ökonomische Gesichtspunkt als vom Gesetz mit intendiert anzusehen ist. Sie legitimieren die Einbeziehung wirtschaftspolitischer Erwägungen in die Entscheidung. Dies mit dem Ergebnis, daß bei Vorliegen gravierender wirtschaftlicher Gegengründe Gesundheitsgefährdungen minderen Grades als Belästigung zu behandeln sind, mithin auf die Prüfung der wirtschaftlichen Zumutbarkeit der nachträglichen Auflage für den Unternehmer einzusteigen ist. Das Vorliegen eines Beurteilungsspielraumes entbindet die Behörde aber

---

[19]) G. Feldhaus, Kommentar (Anm. 17), Anm. 7 zu § 3; Konsequenz: Ausschluß eines Abwägungsspielraumes bei Gesundheitsgefahren — so G. Feldhaus, Zumutbarkeitsgrenzen (Anm. 10), S. 305.
[20]) Kommentar (Anm. 17), Anm. 6, 8, 9 zu § 3.
[21]) Kommentar (Anm. 17), Anm. 6 zu § 3.
[22]) Unbestimmte Begriffe und Ermessen im Umweltschutzrecht, in DVBl 1973, S. 756.
[23]) Kommentar (Anm. 17), Anm. 6 zu § 3.
[24]) Kommentar (Anm. 17), Anm. 6 zu § 3.

nicht vom Gebot sachlicher Urteilsbildung: Es gelten[25]) jene Regeln, die im Zusammenhang mit der Ermessensfehlerlehre aufgestellt worden sind.

III. KONSEQUENZEN AUS DER UNBESTIMMTHEIT DES GESUNDHEITSGEFÄRDUNGSBEGRIFFES

1. Ausreichende Determination oder formalgesetzliche Delegation nach der Judikatur des VfGH

Obgleich der Unbestimmtheitsgrad des Begriffes Gesundheitsgefährdung zur Untersuchung der Verfassungsmäßigkeit des § 79 Abs. 1 GewO unter dem Blickwinkel des Legalitätsprinzipes drängt, soll die Frage hier nicht vertieft werden, weil sie das Thema nicht unmittelbar berührt. Es ist anzunehmen, daß die Bestimmung einer Prüfung des VfGH standhalten würde. Dafür sprechen folgende Überlegungen:

Zumindest der Sache nach teilt der VfGH den Standpunkt der Theorie von der sachspezifischen Strenge des Legalitätsprinzipes.[26]) Dies ergibt sich schon aus der Zulässigkeit der Verwendung unbestimmter Gesetzesbegriffe[27]), woraus folgt, daß die Möglichkeit mehrfacher Auslegung eines Gesetzesbegriffes nicht dessen Verfassungswidrigkeit indiziert. Um den Gesetzgeber nicht durch starres Festhalten an einem fix vorgegebenen Determinationsbild in die Alternative zwischen sachfremder Kasuistik und Verzicht auf die Regelung zu drängen, läßt er in Sachgebieten, wo diese Alternative ansteht, einen geringeren Bindungsgrad genügen. Ein Blick ins Wirtschaftsrecht[28]) und Planungsrecht[29]) bestätigt dies. Die an den Gesetzgeber gerichtete Maxime ist daher auf das Gebot möglichst genaue Regelungen zu treffen, einzuschränken. Der VfGH selbst hat übrigens bemerkt, daß „sich die Grenze einer noch hinreichenden Determinierung nicht allgemein ziehen läßt“[30]): Die Richtigkeit dieser Aussage (die eigentlich auch behauptet, daß über einen weiten Bereich eine rationale Abgrenzung nicht möglich ist!) bestätigt sich an den Leerformeln, derer sich der VfGH bedient, wenn er am konkreten Fall entscheidet.[31]) Am deutlichsten wird die Nachgiebigkeit des VfGH, wenn er die Ansicht vertritt[32]), daß es dem Gesetzgeber nicht verwehrt sei, Gesetze so unbestimmt zu formulieren, daß sich – eben wegen dieser Unbestimmtheit (die aber, wie sich der VfGH unter Ausflucht in eine weitere Leerformel ausdrückt, „unwesentlich“ sein muß)[33]) – konkludent der Auftrag zu einer Konkretisierungsverord-

---

[25]) Die analoge Übertragung der Regeln über die Ermessensfehler kommt nur in Betracht, wenn man die Beurteilungsfreiheit nicht überhaupt mit Ermessen identifiziert, wie Eyermann-Fröhler es wohl zutreffend tun (Verwaltungsgerichtsordnung, 7. Aufl., 1977, Rn. 9d zu § 114).

[26]) Zum Begriff vgl. Fröhler-Oberndorfer, Das Wirtschaftsrecht als Instrument der Wirtschaftspolitik (1969), S. 48 ff.; H. Mayer, Die Verordnung, S. 35 m. w. N.; W. Liehr, Verordnungsdelegation durch Planungsziele, in: ZfV 1978, S. 462.

[27]) VfSlg. 7907/1976 mit Vorjudikatur.

[28]) Vgl. die — allerdings schwankende — Judikatur zu ökonomischen Begriffen, referiert bei H. Mayer, Verordnung (Anm. 26), S. 34; Fröhler-Oberndorfer, Wirtschaftsrecht (Anm. 26), S. 46.

[29]) Vgl. W. Liehr, Verordnungsdelegation (Anm. 26), S. 461 f., m. w. N.

[30]) Slg. 4139/1962.

[31]) Vgl. die Judikaturnachweise bei H. Mayer, Verordnung (Anm. 26), S. 34.

[32]) Slg. 7650/1975.

[33]) Ebd. Slg. 7650/1975; kritisch zu diesem Kriterium B. Chr. Funk, Entscheidungsanmerkung zu VfGH v. 16. 10. 1975, G 9/75, ZAS 1977, S. 152.

nung[34]) ergibt. Die Konkretisierungsverordnung erscheint diesfalls als Vollziehungsbedingung.

Der Blick auf die Judikatur des VfGH demonstriert, daß man mit der Unbestimmtheit des § 79 Abs. 1 GewO leben müssen wird (vgl. insbesondere die Judikatur betreffend die Konkretisierungsverordnung, siehe oben). Gerade Entscheidungen von derartiger Tragweite erfordern ein hohes Maß an Voraussehbarkeit[35]), woraus sich ergibt, daß die Unbestimmtheit der gesetzlichen Regelung einen gesteigerten Bedarf nach generellen Verwaltungsnormen bedingt. Den rechtsstaatlichen Postulaten nach Kalkulierbarkeit und Gleichmäßigkeit des Verwaltungshandelns[36]) kann ansonsten schwer Genüge getan werden. Ein gewisser Vereinheitlichungseffekt (wenn auch keine deutliche Kalkulierbarkeitsverbesserung, was sich aus der Art und Weise der Publikation[37]) ergibt) würde auch durch Erlaß von Verwaltungsverordnungen erzielt. Günstiger ist die (Rechts-)Verordnung; bei bloßem Verstoß des Auflagenbescheides gegen die (im Vergleich mit dem Gesetz ungleich klarere) (Rechts-)Verordnung entsteht die Berufungsmöglichkeit.

2. Die Verordnungsermächtigung nach § 82 Abs. 1 GewO

Als Instrumente des angesprochenen Vereinheitlichungszweckes bieten sich die in § 82 Abs. 1 GewO vorgesehenen Verordnungen an. Unter anderem aus kompetenzrechtlichen Gründen[38]) spricht § 82 Abs. 1 ausdrücklich nur von

---

[34]) Zu diesem Problem vgl. unten III. 3.

[35]) G. Feldhaus, Zumutbarkeitsgrenzen (Anm. 10), S. 301.

[36]) Der Rechtsstaat ist Gesetzesstaat. Auch Gesetze in bloß materiellem Sinn (Verordnungen) erfüllen die Funktion der Berechenbarmachung der Einzelentscheidung. In diesem Sinne spricht H. Kelsen von der Rechtsordnung als einer „Abfolge stufenweise zunehmender Individualisierung und Konkretisierung des Rechts" (Allgemeine Staatslehre, S. 234).

[37]) W. Antoniolli, Allgemeines Verwaltungsrecht (1952), S. 74 f.

[38]) Zur Verdeutlichung der Problematik sei darauf hingewiesen, daß Durchführungsverordnung zu den (Landes-)Luftreinhaltegesetzen (§ 5 Oö. Luftreinhalteverordnung; § 3 Abs. 1 lit. c; das Stmk. Luftreinhaltegesetz sieht zwar die Möglichkeit der Normierung von Immissionsgrenzwerten in Luftreinhalteverordnungen vor, eine diesbezügliche Regelung ist bislang aber nicht ergangen; § 1 Tir. Luftreinhalteverordnung) Immissionsgrenzwerte festlegen. G. Stichlberger, Zuständigkeitsfragen des Österreichischen Abfallrechts, in: Fröhler-Pindur, Ökonomische und rechtliche Fragen der Abfallbehandlung (Bd. 39 der Schriftenreihe des Instituts für Kommunalwissenschaften, S. 62) kommt unter Berufung auf die Gesichtspunktetheorie zu dem Ergebnis, daß bundes- und landesgesetzliche Abfallbeseitigungsbestimmungen nebeneinander existieren können, wobei im konkreten Fall die strengere Norm vorgeht. Die wohl ganz überwiegende Lehre (vgl. statt vieler: B. Chr. Funk, Die grundlegenden Ordnungsprobleme im System der bundesstaatlichen Kompetenzverteilung, in: JBl 1976, S. 451) beharrt demgegenüber auf dem Prinzip der „exklusiven Trennung der Gesetzgebungs- und Vollzugsbereiche sowie dem Verbot der Schaffung identer Normen unter verschiedenen Kompetenzartikeln", was sicherlich im Sinne eines Verbotes einer konkurrierenden Gesetzgebung verstanden werden darf. (Auch die konkurrierende Gesetzgebung nach Art 74 GG ist nicht in diesem Sinne zu verstehen: Die Gesetzgebungsbefugnis der Länder erlischt, wenn der Bund von seinem Gesetzgebungsrecht Gebrauch macht. Bestehende Landesgesetze treten mit der Regelung durch den Bund außer Kraft. Die Bundeskompetenz ist eine Bedarfskompetenz. Vgl. K. Hesse, Grundzüge des Verfassungsrechts der Bundesrepublik Deutschland, 8. Aufl., S. 98.) Wegen der zweifelhaften Bundeskompetenz ist es verständlich, daß ein Entwurf für ein (Bundes-)Umweltschutzgesetz eine Ermächtigung an den BMinGuU, für bestimmte chemische Verbindungen Immissionswerte festzulegen, in Verfassungsrang vorsah.

Emissionen. Es ist hingegen nicht zu übersehen, daß die Auflagen für Betriebsanlagen einen immissionsrechtlichen Bezug aufweisen, wenn man die Terminologie zugrundelegt, daß jedwede Berücksichtigung anderer Umweltbelastungsquellen als Immissionsschutz zu betrachten ist.[39]). Gerade dies dürfte dem Sinn der §§ 74, 79 GewO angemessen sein. So ist es erklärlich, daß gegen einen den in der Verordnung vorgesehenen Wert beachtenden Betrieb eingeschritten werden kann (§ 82 Abs. 4 GewO): Das Zusammenspiel der Abs. 1 und 4 GewO läßt sich so formulieren, daß Verordnungen an sich Emissionsgrenzwerte festlegen, von denen aus Gründen des Immissionsschutzes abgewichen werden kann. Verordnungen nach § 82 GewO sind hingegen k e i n Instrument eines umfassenden Immissionsschutzes, weil sie von der hypothetischen Annahme einer Nachbarschaftsgefährdung ausgehen müssen. Anordnungen, die auf eine generelle Reduktion von Umweltbelastungen hinzielen, sind nicht durch § 82 Abs. 1 gedeckt.[40])

Der notwendige Zuschnitt emissionsbezogener Regelungen auf Durchschnittsbetriebe erklärt die Spärlichkeit, mit der bisher von der Verordnungsermächtigung des § 82 Abs. 1 Gebrauch gemacht wurde.[41]) Denn derlei Verordnungen sind sinnvollerweise nur zu erlassen, wenn es sich um Arten von Betriebsanlagen handelt, „die üblicherweise nicht nur in ihren Auswirkungen, sondern auch hinsichtlich Einsatzort und -bedingungen ein typisches, regelmäßig wiederkehrendes Erscheinungsbild aufweisen. Ist diese Voraussetzung für bestimmte Anlagentypen zu verneinen, sind sie nicht geeignet, den Gegenstand einer Verordnung gemäß § 82 Abs. 1 zu bilden".[42])

3. Individuelle Vollziehbarkeit des § 79 Abs. 1 GewO betreffend Emissionsschutz ohne Vorliegen einer Konkretisierungsverordnung?

Nach jüngst vertretener Auffassung[43]) ist es verfassungsrechtlich zulässig, daß der einfache Gesetzgeber einen „Verordnungsvorbehalt"[44]) normiert. Im Verordnungsvorbehalt verbietet der Gesetzgeber den individuellen Gesetzesvollzug bevor eine einschlägige Durchführungsverordnung erlassen ist.[45]) Der Gesetzgeber darf den Erlaß der Durchführungsverordnung („Konkretisierungsverordnung") nicht ins Belieben der Behörde stellen (er muß das „Ob" der

---

[39]) Unter Emissionsschutz sei die Begrenzung schädlicher Umwelteinwirkungen unabhängig von der Zahl vorhandener oder potentieller Störer verstanden, während Immissionsschutz Gesamtwerte dafür festlegt, wieviel von einer bestimmten schädlichen Umweltseinwirkung in einem bestimmten Gebiet vorhanden sein darf (unabhängig von Zahl und Art der Störer); zur Begriffsbestimmung vgl. die Abs. 2, 3 des BImSchG.

[40]) A. D u s c h a n e k, Die Genehmigung gewerblicher Betriebsanlagen, in: H. P. R i l l (Hg.), Gewerberecht, S. 294.

[41]) Chemischreinigungsmaschinen-Verordnung (BGBl. 1975/437); Aufbereitungsanlagenverordnung für bituminöses Mischgut (BGBl. 1976/378).

[42]) A. D u s c h a n e k, Genehmigung (Anm. 40), S. 293 f.

[43]) B. Chr. F u n k, Entscheidungsanmerkung (Anm. 33), S. 153; H. M a y e r, Verordnung (Anm. 26), S. 41 f.; W. H a c k l, Wann müssen die Verwaltungsbehörden Verordnungen erlassen?, in: ZfV 1977, S. 261.

[44]) W. H a c k l, Verordnungen (Anm. 43), S. 268.

[45]) W. H a c k l, Verordnungen (Anm. 43), S. 268.

Konkretisierungsverordnung bindend determinieren).[46]) Mangelhafte determinatorische Kraft des Gesetzes indiziert keine konkludente Aufforderung des Gesetzgebers zum — die Verfassungswidrigkeit dann sanierenden — Erlaß einer Konkretisierungsverordnung.[47])

Dieser Exkurs ist für das vorliegende Thema insofern relevant, als § 82 Abs. 2 GewO als Verordnungsvorbehalt zu § 79 Abs. 1 GewO aufgefaßt werden könnte. Dies hätte zur Konsequenz, daß § 79 Abs. 1 GewO, insoweit § 82 Abs. 1 GewO einen Verordnungsvorbehalt darstellt, vor Erlaß einer diesbezüglichen Verordnung nicht individuell vollzogen werden dürfte, was angesichts der nicht gerade üppigen Verordnungstätigkeit zu § 82 Abs. 1 GewO (s. o.) sehr ungünstige Folgen hätte. Die Antwort ergibt sich aus dem Zweck des § 82 Abs. 1 GewO: Es soll — für den Fall eines Verordnungserlasses — eine Einvernehmensherstellung des federführenden BMinHGI mit dem BMinGuU und dem BMinS sichergestellt werden. Daraus folgt, daß die Einbeziehung anderer Ressortchefs in die dem Verordnungserlaß vorabgehende Willensbildung (innerhalb des Regelungsbereiches des § 82 Abs. 1 GewO) einen Verordnungserlaß des BMinGHI allein gestützt auf § 79 Abs. 1 GewO hindert, nicht aber den individuellen Vollzug von § 79 Abs. 1 GewO unmittelbar aufgrund des Gesetzes, solange keine Durchführungsverordnung nach § 82 Abs. 1 GewO vorliegt.

4. Auswirkungen des Vorliegens konkretisierender Verordnungen auf den Beurteilungsspielraum; die Abweichungsermächtigungen der Abs. 3, 4 des § 82 GewO

Der Blick auf die Rechtslage hat gezeigt, daß die Behörde, welche über die Verhängung nachträglicher Auflagen zu entscheiden hat, nur durch eine geringe Anzahl von Verordnungen in ihrer Auslegungsfreiheit des Gesundheitsbegriffes beengt ist. Die für den individuellen Vollzug zuständige Unterbehörde kann überdies in besonderen Fällen von der Verordnungsregelung abweichen. Eine Abweichung ist in zweifacher Richtung denkbar:

Die Behörde kann die Verordnung für den konkreten Fall als „zu milde" empfinden; kommt sie zur Ansicht, daß die Verordnung den Schutzzweck des § 82 Abs. 1 nicht ausreichend gewährleistet, „so sind zur Erreichung dieses Schutzes auch über die Bestimmungen der Verordnung hinausgehende Auflagen vorzuschreiben" (§ 82 Abs. 4). Danach darf die Behörde eine Auflage etwa auch dann verhängen, wenn die Anlage den in der Verordnung angegebenen Emissionsrichtwert noch nicht erreicht.

Der Logik des unserer Verfassung zugrundeliegenden Stufenbaubildes[48]) würde die Konstruktion eines verordnungswidrigen, aber gleichwohl gesetzeskonformen Individualaktes selbstverständlich grob widersprechen.[49]) Im vorliegenden Fall hingegen konstruiert der Gesetzgeber „nachgiebige Verord-

---

[46]) B. Chr. Funk, Entscheidungsanmerkung (Anm. 33), S. 153; W. Hackl, Verordnungen (Anm. 43), S. 267.
[47]) W. Hackl, Verordnungen (Anm. 43), S. 162.
[48]) Vgl. dazu statt vieler: A. Merkl, Allgemeines Verwaltungsrecht, S. 193.
[49]) „Rechtswidrigkeit" i. S. d. Art. 130 Abs. 1 lit. b) umfaßt auch Verordnungswidrigkeit; vgl. F. Dolp, Verwaltungsgerichtsbarkeit, S. 171 f.

nungen", was besagen will, daß die Verordnungen nach § 82 ihren normativen Gehalt auf hypothetisch als normal angenommene Verhältnisse beschränken. Abweichungen von der Norm sind, je nachdem, ob die Abweichung sachlich gerechtfertigt ist, verordnungskonform oder verordnungswidrig. Der Gesetzgeber ermächtigt in § 82 Abs. 4 (dasselbe gilt für den weiter unten zu besprechenden Abs. 3) lediglich zu verordnungskonformen Abweichungen. Das Wort Abweichungen wäre besser unter Anführungszeichen zu setzen, weil es sich in Wahrheit eben um keine wirklichen Abweichungen von der Verordnung handelt, weshalb kein verfassungsrechtliches Problem entsteht.[50]) Der Sinn einer „nachgiebigen" Verordnung ist in dem gesteigerten Begründungszwang für Abweichungen zu erblicken.

Auch für den Konträrfall (die Unterbehörde empfindet die Verordnungsregelung als „zu streng") ist eine gesetzliche Regelung getroffen (§ 82 Abs. 3). Ist dem Schutzzweck des § 74 Abs. 1 bei „Abweichung" von der Verordnung Genüge getan, ist die Abweichung zulässig. Es braucht dann nicht einmal der in der Verordnung vorgesehene Emissionsrichtwert eingehalten zu werden. Dies scheint jedenfalls den Ausführungen der EB zu § 82 zu entsprechen. Dort heißt es: „Derartige generelle Anordnungen, die typische Fälle treffen, entlasten die Verfahren betreffend die einzelnen Anlagen. Die Vielfalt der möglichen technischen Abarten der Anlagen und die Verschiedenheit der jeweiligen Umgebung zwingen jedoch dazu, auf die Anordnungen im Einzelfall besonderes Gewicht zu legen. Die im Einzelfall vorgeschriebenen Auflagen können weiter gehen oder weniger weit gehen als die generellen Anordnungen, sie können aber auch ihrem Inhalt nach abweichen, wenn hiedurch der gleiche Schutz erreicht wird." [51])

5. Fehlende Konkretisierungsverordnung

Hat die unterste Verwaltungsbehörde den § 79 Abs. 1 GewO ohne dazwischengetretene Konkretisierungsverordnung zu vollziehen, ist sie bei der Auslegung des Gesetzesbegriffes auf sich gestellt. Auf die die betreffende Entscheidungssituation beherrschende Auslegungsunsicherheit bezieht sich die Vertretbarkeitslehre (Lehre vom Beurteilungsspielraum, Lehre von der Dehnbarkeitsgrenze). Ist ein Gesetzesbegriff zwar unbestimmt, dennoch aber nicht verfas-

---

[50]) Ein analoges Beispiel gibt R. Walter, Gibt es wirklich „Durchführungsverordnungen mit gesetzesänderndem Charakter?", in: ZfV 1978, S. 379, für ein auf Normalfälle abstellendes Gesetz, das gleichzeitig eine Ermächtigung enthält, im Verordnungswege eine andere als die für den Normalfall vorgesehene Regelung zu treffen.

[51]) Vom Gesetzestext her wäre freilich noch eine andere Auslegung denkbar: Nur § 82 Abs. 4 räumt der Behörde die Möglichkeit ein, abweichend vom Verordnungsgeber zu beurteilen, ob der in der Verordnung angegebene Emissionsrichtwert dem Schutzzweck des § 74 Abs. 2 GewO entspricht. Anders als § 82 Abs. 4 verweist § 82 Abs. 3 nicht auf die Interessen des § 74 Abs. 2, sondern fordert „den gleichen Schutz". Dieser Formulierungsunterschied könnte dahingehend aufgefaßt werden, daß „mildernde" Abweichungen von Verordnungen nur hinsichtlich der Betriebs- und Ausstattungsvorschriften zulässig sind. Da aber der „gleiche Schutz" (man müßte annehmen: „Wie in der Verordnung") erzielt werden muß, ist bei Überschreitung des in der Verordnung angegebenen Emissionsrichtwertes die Auflage jedenfalls zu verhängen. Andererseits wäre etwa in Ballungsräumen oder in besonders gewidmeten Gebieten (Erholungsräumen) die Vorschrift einer Auflage bei geringerer als der in der Verordnung angegebenen Emission möglich.

sungswidrig (siehe oben), sind also mehrere gleichwertige Auslegungen möglich, so hat das Gericht die von der Verwaltungsbehörde getroffene Entscheidung als vertretbar, weil rechtlich richtig zu respektieren.[52]) Oder wie Walther-Mayer es ausdrücken: Wählt die Behörde eine Auslegung, die im unbestimmten Gesetzesbegriff ihre Deckung findet, ist die Kognition des VwGH mangels Rechtswidrigkeit zu verneinen.[53]) Die Judikatur des VwGH liegt im großen und ganzen auf dieser Linie.[54])

Die Anwendung der Lehre vom Beurteilungsspielraum auf das vorliegende Problem führt zu folgendem Ergebnis: Liegt eine Emission in der „Grauzone" zwischen Gesundheitsgefährdung und Belästigung, so ist es der Behörde aufgegeben, abzuwägen zwischen dem öffentlichen Interesse am Fortbestand des Unternehmens und den dadurch bewirkten möglichen Gesundheitsbeeinträchtigungen. Daß es auf diese Weise möglich ist, daß dieselbe Emission im einen Fall als gesundheitsgefährdend qualifiziert wird, im anderen nicht, ist durch das Wesen des Beurteilungsspielraumes bedingt.

Die Unbestimmtheit des Gesetzesbegriffes „Gesundheitsgefährdung" bietet durch seinen „Begriffshof"[55]) einen „Polster" für eine rechtmäßige Berücksichtigung ökonomischer Gemeininteressen. Umgekehrt bedeutet diese These (zumindest vorläufig), daß innerhalb des „Begriffskernes" diese Vorgangsweise ausgeschlossen ist.

IV. BERÜCKSICHTIGUNG ÖFFENTLICH-ÖKONOMISCHER INTERESSEN INNERHALB DES BEGRIFFSKERNES DER GESUNDHEITSGEFÄHRDUNG?

Die Meinung, daß die Verwaltung innerhalb des Begriffskernes strikt gebunden ist, wird durch jüngere Äußerungen der deutschen Literatur in Frage gestellt, und zwar unter spezifischer Bezugnahme auf das hier problematisierte Eigengewicht getätigter Investitionen. Als Beispiel sei Degenhart zitiert[56]): „Einmal geschaffene Tatsachen vermögen hoheitliche Entscheidungen zu beeinflussen in Richtung auf eine Legalisierung des Bestehenden. Dies wird vor allem dort der Fall sein, wo klare und eindeutige Rechtsverstöße nicht feststellbar, jedoch Ermessens- und Beurteilungsspielräume eröffnet, unbestimmte Rechtsbegriffe auszufüllen sind." Diese Äußerung ist noch mit der herkömmlichen Ansicht, wonach der Verhältnismäßigkeitsgrundsatz „nicht dahin verstanden werden kann, daß er Behörden ermächtigt, die Erfüllung durch Gesetz zwingend vorgeschriebener Obliegenheiten zu unterlassen"[57]) in Einklang zu bringen. An anderer Stelle heißt es bei Degenhart jedoch: „Diese unter Verhältnismäßigkeitsgesichtspunkten gebotene Abwägung zwischen Zielset-

---

[52]) Statt vieler: C. H. Ule, Unbestimmte Begriffe (Anm. 22), S. 758; ders., Verwaltungsgerichtsbarkeit (7. Aufl.), § 2 I m. N.

[53]) Grundriß des Verfassungsrechts (2. Aufl.), S. 154; R. Walter, Österreichisches Bundesverfassungsrecht, S. 397.

[54]) Vgl. ZfVB 1977/2186; zu beachten sind aber abweichende Judikate — vgl. R. Walter, Bundesverfassungsrecht (Anm. 53), S. 397, unter Anm. 37.

[55]) Terminologie von Ph. Heck, AcP 1914, S. 112, 173.

[56]) Tatsachen (Anm. 2), S. 165.

[57]) E. Forsthoff, Verwaltungsrecht (Anm. 3), S. 71.

zung und Auswirkung einer Maßnahme kann es als sachgerecht erscheinen lassen, den an sich gebotenen rechtlichen Erfolg zurücktreten zu lassen. Damit werden die normwidrig zustande gekommenen Fakten keineswegs rechtmäßig. Sie bleiben rechtswidrig mit allen damit verbundenen Folgerungen für Ausgleichs- und Schadenersatzansprüche Dritter, werden jedoch, da die Verfassung keine Durchsetzung strikter Gesetzesanwendung um jeden Preis erfordert, im Hinblick auf ihren Fortbestand so behandelt, als seien sie rechtmäßig zustande gekommen." [58])

Diese Auffassung einer Art gemischter Rechtmäßigkeit ist verfehlt. Die Differenzierung der Rechtmäßigkeitsfrage ist normlogisch unvertretbar: Aus dem Stufenbau der Rechtsordnung ergibt sich zwangsläufig, daß eine einer ranghöheren Norm widersprechende Norm fehlerhaft ist. Ohne einen solchen Widerspruch ist sie es eben nicht. Die – wie immer näherhin begründete – Heranziehung des Verhältnismäßigkeitsprinzipes mit dem Ziel, den Begriffskern zum Zweck der Berücksichtigung faktischer Lagen umzudeuten, kann sinnvollerweise nur dazu führen, daß man das darauf gestützte Verhalten der Verwaltung als rechtmäßig ansieht. Dem Rechtsschutz ist dadurch nicht schlechter gedient: An die Stelle der von Degenhart ins Auge gefaßten Amtshaftung bzw. sonstigen Ersatzansprüche (welche übrigens bei genauerem Hinsehen von ihren tatbestandlichen Voraussetzungen her betrachtet ausgeschlossen sein dürften) tritt Ersatz aufgrund Aufopferung. Daß die österreichische Rechtspraxis noch einen weiten Weg zurückzulegen hat, bis sie den rechtsstaatlichen Standard der Aufopferungsrechtsprechung der BRD erreicht [59]), bildet keinen Einwand: die an sich fragwürdige Prämisse (Kraftloserklärung des Gesetzestextes unter Berufung auf die Verhältnismäßigkeit) wird durch inkonsequente Schlußfolgerungen nicht plausibler.

Die zur Stützung seiner These notwendige Reflexion über die Tragweite des Verhältnismäßigkeitsprinzipes bleibt Degenhart schuldig. Geht es – wie im Falle unseres Problems – um die Kollision öffentlicher Interessen, so besitzt das Verhältnismäßigkeitsprinzip in seiner traditionellen Gestalt ganz offensichtlich keinen Problemlösungswert: Demnach bezieht sich das Verhältnismäßigkeitsprinzip auf die Frage, „ob das ergriffene polizeiliche Mittel in angemessener Proportion zu dem angestrebten Zweck steht" [60]) (Hervorhebungen vom Verfasser). Unter mehreren gleichproportionalen Mitteln genießt das am wenigsten eingriffsintensive den Vorrang (Übermaßverbot).

Erst die sogenannte „praktische Konkordanz" (zum Begriff siehe unten), ein Derivat des überkommenen Verhältnismäßigkeitsprinzipes, ist auf den in Rede stehenden Zielkonflikt anwendbar. Weil aber die praktische Konkordanz ein Harmonisierungsverfahren gleichwertiger Rechtsgüter darstellt, ist auch auf dieser Stufe der Erörterung noch keine Begründung für das Degenhart vorschwebende Postulat, die „Gesetzmäßigkeit staatlichen Handelns im Einzelfall in Abwägung zu bringen mit dem sich aus einer strikten Durchführung" des sich aus dem „Legalitätsgebot sich ergebenden Nachteilen" [61]) geleistet.

---

[58]) Tatsachen (Anm. 2), S. 183.
[59]) Vgl. dazu umfassend: F. Ossenbühl, Staatshaftungsrecht (2. Aufl.), S. 73 ff.
[60]) E. Forsthoff, Verwaltungsrecht (Anm. 3), S. 70 f.
[61]) Chr. Degenhart, Tatsachen (Anm. 2), S. 182 f.

Die von Degenhart für seine These als Beleg angeführten Zitate über das Maßgerechte[62]), welches letztlich Ausfluß der Gerechtigkeit sei, führt zu einem – zumindest für das öffentliche Recht – nicht ernst zu nehmenden Ausspielen abstrakter Gerechtigkeitsideen gegen die Legalität.

Mit diesem Ergebnis ist noch keine völlig befriedigende Lösung erreicht. Es sind immer noch Extremsituationen denkbar, die eine Betriebsschließung als ungerechtfertigt erscheinen lassen. Es kann sein, daß die Beseitigung der Gefahrenquelle um ein Vielfaches mehr kostet, als den Gefährdeten (wenn es wenige sind) ein Schloß an einem Seegrundstück zu bauen. Erzielen Betriebsanlageninhaber und Gefährdete über eine Wohnortverschiebung auf Kosten des Betriebsanlageninhabers Konsens, löst sich das Problem von selbst. Die Tatsache, daß der Schutz der Nachbarn vor schädlichen Umwelteinwirkungen (auch) ein öffentlicher Belang ist, sollte nicht überbewertet werden mit dem Effekt, dem Betroffenen die diesbezügliche Dispositionsfreiheit zu entziehen.[63]) Ohne diese Eintracht tun sich zwei Probleme auf: Erstens: Kann die Bezahlung des Wohnortwechsels Inhalt des Auflagenbescheides werden? Und ferner: Muß im Falle der Übersiedlungsunwilligkeit des Gefährdeten die betriebsgefährdende Auflage verhängt werden?

Für die erste Frage eröffnet das Erkenntnis des VwGH, nach dem die Verhängung einer weniger belastenden Auflage als der gesetzlich vorgesehenen nicht dem Legalitätsprinzip widerspricht[64]) eine Perspektive. So wird die Möglichkeit der wahlweisen Vorschreibung einer die (kostspieligere) technische Auflage ersetzenden Geldleistung an die Gefährdeten denkbar.

Wie ist aber mit dem übersiedlungsunwilligen Gefährdeten zu verfahren? Eine Enteignung kommt deshalb nicht in Betracht, weil der grundrechtliche Eigentumsschutz neben dem Eigentumswertschutz auch den Eigentumsrechtsschutz umfaßt.[65]) Die angesprochene Entschädigung genügt nur dem Eigentumswertschutz. Für den Entzug des Eigentumsrechtes bedarf es einer gesetzlichen Spezialermächtigung; der Gesetzesvorbehalt zu Art. 5 StGG wird von der h. M. dahingehend aufgefaßt, daß § 365 ABGB allein keine ausreichende Ermächtigungsgrundlage darstellt.[66]) Beläßt man dem Eigentümer sein Recht, stellt sich der Unterlassung einer emissionsbeschränkenden Auflage die Rechtswegegarantie entgegen, wenn man mit Panholzer-Stichlberger[67]) davon ausgeht, daß § 79 Abs. 1 GewO dem in seiner Gesundheit Gefährdeten ein subjektives Recht einräumt. Auch ohne Annahme eines subjektiven Rechts würde das Legalitätsprinzip die Auflagenverhängung erfordern.

Das rechtsstaatliche Prinzip darf jedoch nicht verabsolutiert werden. In Extremfällen – und von solchen ist die Rede – kollidiert es mit anderen Verfassungs-

---

[62]) K. Larenz, Methodenlehre der Rechtswissenschaft, 4. Aufl., S. 465.

[63]) Vgl. hingegen G. Feldhaus, Zumutbarkeitsgrenzen (Anm. 10), S. 306.

[64]) VwGH Slg. 7027 A/1966.

[65]) Fröhler-Oberndorfer, Bodenordnung und Eigentumsgarantie (Bd. 19 d. Schriftenreihe d. Instituts für Kommunalwissenschaften und Umweltschutz, 1973), S. 38 f.

[66]) Walter-Mayer, Grundriß (Anm. 53), S. 337.

[67]) Der gewerberechtliche Schutz des Nachbarn gegen genehmigte Betriebsanlagen, in: ZfV 1979, S. 186 ff.

prinzipien, im gegenständlichen Fall mit dem sozialstaatlichen Prinzip.[68]) Die Methode der „Harmonisierung"[69]) widersprüchlicher Grundrechte[70]) hat Hesse[71]) „praktische Konkordanz" genannt und folgendermaßen beschrieben: „Beiden Gütern müssen Grenzen gezogen werden, damit beide zu optimaler Wirksamkeit gelangen können. Die Grenzziehungen müssen daher im jeweiligen konkreten Fall verhältnismäßig sein; sie dürfen nicht weiter gehen als es notwendig ist, um die Konkordanz beider Rechtsgüter herzustellen. ‚Verhältnismäßigkeit' bezeichnet in diesem Zusammenhang eine Relation zweier variabler Größen, und zwar diejenige, die jener Optimierungsaufgabe am besten gerecht wird, nicht eine Relation zwischen einem konstanten ‚Zweck' und einem oder mehreren variablen ‚Mitteln'."[72]) Die Konkordanz schlägt auf die einfachgesetzliche Ebene mit der Wirkung durch, daß sie eine teleologische Reduktion[73]) des § 79 Abs. 1 GewO erlaubt: Wenn die (an sich durch den Wortlaut gebotene) Auflage kraß außer Proportion mit dem durch sie erreichbaren Effekt steht, braucht sie nicht verhängt zu werden. Dabei ist nochmals zu betonen, daß es sich der Quantität nach um „Jahrhundertfälle" handelt und dem Gefährdeten ja die Möglichkeit eingeräumt wird, seine Gesundheit durch Wohnortwechsel zu schützen, wobei ihm sämtliche daraus erwachsenden Nachteile zu ersetzen wären. Zu beachten ist, daß damit nicht die totale Unnachprüfbarkeit der behördlichen Entscheidung begründet wird. Im Gegenteil: der Abwägungsspielraum ist in diesem Fall äußerst klein.

V. DER ÖKONOMISCHE ASPEKT UND BELÄSTIGUNGEN

Das Dt. BImSchG erhebt bloß erhebliche Nachteile und Belästigungen in den Bereich polizeilicher Relevanz. Mit gutem Grund: die Abstellung minimaler Belästigungen verursacht offenbar nach Ansicht des Gesetzgebers mehr Kosten als sie Nutzen bringt. § 77 Abs. 1 GewO bestimmt, daß Belästigungen

---

[68]) Es wird also nicht etwa behauptet, das Rechtsstaatsprinzip stünde unter einem Gemeinschaftsvorbehalt (zum Begriff des Gemeinschaftsvorbehaltes im Zusammenhang mit dem Grundrecht und seiner Kritik vgl. F. E. Schnapp, Grenzen der Grundrechte, JuS 1978, S. 732 f.) in dem Sinne, daß die Legalität immer dann suspendiert wäre, wenn es das Staatsinteresse verlangt. Vgl. ferner K. Hesse, Grundzüge (Anm. 38), S. 28 unter Anm. 31 m. N.

[69]) Zu dieser Terminologie vgl. K. Hesse, Grundzüge (Anm. 38), S. 28, 134; Vgl. auch P. Häberle, Grundrechte im Leistungsstaat, in: VVDStRL 30, S. 57 („Optimierung" von Freiheit und Gleichheit).

[70]) Das Problem der Harmonisierung verfassungsrechtlicher Grundwerte stellt sich nicht nur im Rahmen echter Grundrechtskollisionen; daraus leitet sich die Berechtigung der Anwendung der praktischen Konkordanz auf das Sozialstaatsprinzip ab, welches keinen grundrechtlichen (subjektiv-verfassungsrechtlichen) Schutz genießt. H. H. v. Armin, Gemeinwohl und Gruppeninteressen (1977), sieht die praktische Konkordanz keineswegs auf die Verfassungsebene beschränkt, sondern erblickt in ihr eine „allgemeine Regel für ein rationales, wertoptimierendes Problemlösungsverhalten" (S. 55).

[71]) Schon P. Lerche, Übermaß und Verfassungsrecht (1961), S. 125 ff., hat den „Gedanken des nach beiden Seiten hin schonendsten Ausgleichs" betont.

[72]) K. Hesse, Grundzüge (Anm. 38), S. 29.

[73]) Die hier vorgenommene teleologische Reduktion zum Begriff vgl. K. Larenz, Methodenlehre (Anm. 61), S. 377 ff., stützt sich mithin nicht auf eine metarechtliche Begründung. Zum Stand der Dogmatik zum Problem der verfassungskonformen Gesetzeskorrektur vgl. H. P. Prümm, Verfassung und Methodik (1977), S. 237 ff.

erduldet werden müssen, wenn sie „zumutbar“ sind. Dieses Kriterium ist von großer Bedeutung. Es bewirkt, daß auf die Prüfung der wirtschaftlichen Zumutbarkeit (für den Unternehmer) nach § 79 Abs. 1 erst einzugehen ist, wenn die Belästigung (für die Nachbarn) unzumutbar ist. Es liegt auf der Hand, daß sich an dieser Stelle die oben thematisierte Problematik der gesteigerten Macht der Vollziehung (infolge der aus unbestimmten Gesetzesbegriffen sich ergebenden stärkeren Legalitätsentbindung) wiederholt. Zur Relevanz öffentlich-ökonomischer Interessen nehmen die EB (anders als im Rahmen der Regelung der Gesundheitsgefährdung) ausdrücklich und eindeutig Stellung: „Jede mögliche Belästigung oder Beeinträchtigung macht eine Anlage zwar genehmigungspflichtig; ein gewisses Ausmaß an Belästigung oder Beeinträchtigung muß aber hingenommen werden, soll nicht die gewerbliche Tätigkeit völlig unterbunden werden; es wird in jedem Einzelfall das öffentliche Interesse am Schutz der Nachbarn und der Allgemeinheit gegenüber dem öffentlichen Interesse an der Entwicklung der Wirtschaft abzuwägen sein (Sperrungen vom Verfasser). Das Ausmaß der Zumutbarkeit kann natürlich – je nach den zufolge § 74 Abs. 2 Z. 2 bis 5 geschützten Interessen – verschieden sein.“ [74])

Es wäre zu wünschen, daß dieser in den EB zum Ausdruck kommende realistische Blick im Gesetzestext seinen Niederschlag gefunden hätte, und zwar auch hinsichtlich der Relevanz des ökonomischen Aspektes für die Grenze zwischen Belästigung und Gesundheitsgefährdung.

Bei Senkbarkeit des Anlagenlärms um 1 db steht es einfach nicht dafür, eine sehr kostspielige, wenn auch immerhin noch wirtschaftlich zumutbare, technische Änderung der Betriebsanlage vorzuschreiben. Daß der allgemeinwirtschaftliche Faktor bei der Festlegung der Erheblichkeitsgrenze eine zentrale Rolle spielt, ist auch in der BRD unbestritten: „Im Verhältnis zu den Gefahren stellen jedoch Belästigungen . . . Störungen geringen Grades dar . . .“, so daß sie erst „als schädliche Umwelteinwirkungen beurteilt werden können . . ., wenn es sich um erhebliche . . . Belästigungen handelt. Diese Einschränkung ist das Ergebnis einer Güterabwägung, wie sie in einem hochindustrialisierten Land zwischen der Forderung nach der Verbesserung der Lebensqualität und den Realitäten des gesellschaftlichen Lebens vorgenommen werden muß.“ [75])

VI. AUSBLICK

Das Regelungsgefüge des § 70 Abs. 1 GewO führt durch seine Verzahnung unbestimmter Gesetzesbegriffe zu einer ungewöhnlich starken Ausdehnung der „subjektiv-autonomen Determinante“ des Verwaltungshandelns.[76]) Unscharf

---

[74]) EB zu § 77 GewO 1973.

[75]) R. Stich, Kommentar zum BImSchG., Anm. 12 zu § 3, unter Berufung auf G. Feldhaus, Konturen eines modernen Umweltschutzrechts, in: DÖV 1974, S. 615; Feldhaus bemerkt an dieser Stelle, daß es Umwelteinwirkungen gibt, die „subjektiv quälend“ sein können, ohne die Erheblichkeitsgrenze zu erreichen.

[76]) Die Unterscheidung zwischen objektiv-heteronomer und subjektiv-autonomer Determinante stammt von Kelsen; zu den Begriffen vgl. A. Merkl, Allgemeines Verwaltungsrecht, S. 142.

ist die Grenze zwischen erheblicher Gesundheitsgefährdung und Belästigung; unbestimmt ist ferner, ab welcher Intensität die Belästigung rechtserheblich wird. Ist sohin der Bereich der Belästigung nach beiden Seiten hin durch verschwimmende Begriffsränder gekennzeichnet, verkompliziert sich die Entscheidung über die nachträgliche Auflage um ein weiteres Mal durch das wiederum unbestimmte Zumutbarkeitskriterium des § 79 Abs. 1. Dadurch sind der Behörde überaus weite Beurteilungsspielräume eröffnet, die genug Raum für Berücksichtigung des allgemein-ökonomischen Gesichtspunktes bieten.

Die in dieser Arbeit angestellten Überlegungen erschöpfen das Thema keineswegs. Insbesondere kann die oben unter IV. angeschnittene Frage noch nicht als abgeschlossen gelten. Die vorgeschlagene Lösungsperspektive mag Kritik wachrufen, der praktische Bedarf nach einer auch in diesem Punkt die Wirtschaft berücksichtigenden Lösung rechtfertigt jedoch den Versuch rechtlicher Konstruktionen, die auf den ersten Blick überspannt aussehen mögen. Wollte die Lehre dem Problem vorschnell den Rücken zukehren, würde sie von der im Stich gelassenen Praxis überrollt.

Erich Wolny

Die Rechtsschutzbeeinträchtigung durch „vollendete Tatsachen“ bei staatlichen Raumplanungen

Dr. Erich Wolny, Univ.-Ass. am Institut für Wirtschaftsrecht
der Johannes-Kepler-Universität Linz

1. Die Problemstellung: Warum drohen bei staatlichen Raumplanungen „vollendete Tatsachen“?

Die Zielsetzung aller staatlichen Umweltschutzaktivitäten, die Raumbeanspruchung durch die Wohn-, Erholungs-, Bildungs-, Verkehrs- und Kommunikationsbedürfnisse sowie die wirtschaftliche Betätigung der Menschen derart räumlich zu ordnen, daß die wechselseitigen Beeinträchtigungen so gering wie möglich gehalten werden und die Beanspruchung der Umweltmedien nicht zur Bedrohung ihrer selbst wird, verlangt nicht nur verwaltungsrechtlichen Umweltschutz im Sinne der Abwehr schädigender Eingriffe. Sie verlangt auch und – wie an anderer Stelle von mir bereits dargelegt worden ist[1]) – vor allem vorausschauende Umweltgestaltung, m. a. W. auf die Belange des Umweltschutzes Bedacht nehmende staatliche Raumplanung. Aufgabe dieser Untersuchung ist es, die Rechtsschutzkonzeption, die die Planungsgesetzgeber, aber auch die Garanten des Rechtsstaates, die Gerichtshöfe des öffentlichen Rechts, den staatlichen Raumplanungen zugrunde gelegt haben, im Sinne des Generalthemas des vorliegenden Bandes zu problematisieren. Auf eine Beleuchtung des demokratietheoretischen Aspekts einer öffentlichen Planung wird dagegen verzichtet.

Im Bereich der raumplanenden Verwaltung ergeben sich Rechtsschutzprobleme zum einen aus ihrer unleugbaren Sonderheit, die sie von der „bloß“ vollziehenden Verwaltungsfunktion unterscheidet; i. e. der ihr „wesensgemäß“ zukommende Entscheidungsspielraum, die „planerische Gestaltungsfreiheit“. Die Frage der Determinierbarkeit von Raumplanungen braucht hier jedoch nicht im Grundsätzlichen erörtert zu werden.[2]) Unabhängig davon entsteht ein spezifischer Rechtsschutzdefekt, weil die Gesetzgeber bzw. die Gerichtshöfe des öffentlichen Rechts in nicht wenigen Planungsbereichen Rechtsschutz erst über die Planungsfolgeverfahren eröffnen, also über jene Verwaltungsverfahren, die bereits zur Planverwirklichung erforderlich sind (z. B. Enteignungsverfahren) oder in denen die staatliche Planungsentscheidung entscheidungsbindend wirkt (z. B. Baubewilligungsverfahren, gewerberechtliches Betriebsanlagen-Genehmigungsverfahren). Sie verkennen dabei das Rechtsschutzbedürfnis des Bürgers gegenüber der raumplanenden Verwaltung. Es genügt nicht, daß der Bürger sein Recht gegen einen planerischen Eingriff des Staates jedenfalls in einem (nachfolgenden) Verfahren suchen kann, auch wenn dies zur gerichtlichen Kontrolle der Planungsentscheidung führt. Staatliche Raumplanung ist eben letztlich „auf Vollzug angelegt“, ihr „Zweck ist, erfüllt zu werden, und nicht, zu gelten“.[3])

---

[1]) Vgl. meinen Beitrag Umweltschutz — Umweltgestaltung — Raumordnung, in: Fröhler-Pindur (Hg.), Ausgewählte Rechtsprobleme des Umweltschutzes (Bd. 23 der Schriftenreihe des Instituts für Kommunalwissenschaften und Umweltschutz, 1976), S. 35 ff., insbes. 41.

[2]) Siehe dazu vielmehr die Ausführungen P. Oberndorfers zur Theorie der „finalen Programmierung“, in: Strukturprobleme des Raumordnungsrechts, in: Die Verwaltung 6 (1972), S. 257 ff., und in: Fröhler-Oberndorfer, Österreichisches Raumordnungsrecht, 1. Bd.: Planungsnormstruktur, Planungsträger und -instrumente, Planung und Eigentumsrecht (1975), S. 19 ff., sowie deren kritische Würdigung durch P. Pernthaler, Raumordnung und Verfassung, 2. Bd.: Raumordnung, demokratischer Prozeß und Rechtsschutz (1978), III C 2. insbes. S. 47 ff.

[3]) Diese treffende Charakterisierung stammt von W. Blümel, Raumplanung, vollendete Tatsachen und Rechtsschutz, in: Festgabe für E. Forsthoff (1967), S. 133 ff.

Kann ihre Rechtmäßigkeit von einem Betroffenen erst im Zuge der gerichtlichen Kontrolle eines Planungsfolgebescheides in Frage gestellt werden, ist meist ein tatsächlicher Zustand der Planungsverwirklichung erreicht, der durch die Kassation des Bescheides bzw. durch die Beseitigung der zugrunde liegenden Planungsentscheidung nicht mehr aus der Welt zu schaffen ist.[4]) Der Rechtsschutz Suchende sieht sich mit „vollendeten Tatsachen" konfrontiert, deren Entstehen er nicht verhindern konnte.

Die Dysfunktionalität dieser Rechtsschutzkonzeption hat zuletzt Pernthaler aufgezeigt.[5]) Setzt die gerichtliche Kontrolle erst beim letzten konkretisierten Planungs(folge)akt an – etwa bei der Enteignung oder bei der Versagung der Baugenehmigung –, so müsse das prüfende Gericht den komplexen Planungsvorgang „rückwirkend aufspulen, um allenfalls die . . . Rechtswidrigkeit in irgendeinem früheren Planungsabschnitt feststellen zu können". Angesichts der Eigendynamik der staatlichen Raumplanungsentscheidungen müssen die Chancen auf Bewahrung der individuellen Rechtsposition gegenüber den Ansprüchen des planenden Staates desto geringer eingeschätzt werden, je später im Planungsablauf an sich stichhaltige Einwendungen Betroffener vorgebracht werden (können) bzw. je länger der betreffende Plan in Geltung steht.[6]) Es sind nicht nur öffentliche Interessen, insbesondere wirtschaftliche Überlegungen im Hinblick auf bereits durch die öffentliche Hand oder durch Dritte „verbaute" Millionenbeträge, die dann einer Abänderung der Planungsentscheidung zur Beseitigung der (nachträglich) festgestellten Verletzung der Rechtssphäre eines einzelnen entgegenstehen. Ein bereits in Teilen realisiertes Planungskonzept läßt sich auch aus rechtlichen Erwägungen kaum rückgängig machen: so genießt etwa die auf der Grundlage eines Flächenwidmungs- oder Bebauungsplanes rechtmäßig von Dritten neu geschaffene Bausubstanz Bestandschutz, und auch für mittlerweile rechtskräftig bewilligte Betriebsanlagen kann im Rahmen der gewerberechtlichen Regelungen Vertrauensschutz beansprucht werden.[7]) Es zeigt sich, daß mit der faktischen Verfestigung staatlicher Raumplanungen auch ihre etwaige rechtliche Fehlerhaftigkeit gleichsam „zementiert" wird. Die Planungsgesetzgeber und die Gerichtshöfe des öffentlichen Rechts leisten somit dem Entstehen des rechtsschutzbeeinträchtigenden Phänomens vollendeter Tatsachen geradezu Vorschub, soweit sie auch für die planende Verwaltung der Vorstellung verhaftet bleiben, daß Rechtsschutz erst gegenüber dem unmittelbar wirksamen Einzeleingriff eingeräumt werden müsse.

Soweit die durch eine rechtlich fehlerhafte Planung verursachte Verletzung individueller Rechtspositionen solcherart unkorrigierbare Realität geworden ist, kann sie allenfalls im Wege der Entschädigungsleistung ausgeglichen werden.[8]) Daß ein solches „Dulde und Liquidiere" als Regel-„Rechtsschutz" ange-

---

[4]) In diesem Sinne schon W. Blümel, Raumplanung (Anm. 3), S. 144 f.; Fröhler-Oberndorfer, Der Rechtsschutz im Planungs- und Assanierungsrecht (Bd. 20 der Schriftenreihe des Instituts für Kommunalwissenschaften und Umweltschutz, 1975), S. 11.

[5]) In: Raumordnung (Anm. 2), IV C 2., insbes. S. 373 ff.

[6]) So schon W. Blümel, Raumplanung (Anm. 3), S. 137 ff., an Hand von umfangreichem Rechtstatsachenmaterial.

[7]) Vgl. vor allem § 79 Abs. 1 GewO 1973. Zum Betriebsanlagenrecht siehe im vorliegenden Band insbesondere die Beiträge von K. Mair und E. Langeder.

[8]) So auch W. Blümel, Raumplanung (Anm. 3), S. 144 f., und D. Lorenz, Der Rechtsschutz des Bürgers und die Rechtswegegarantie (1973), S. 144 f.

sichts der verfassungsrechtlichen Garantien der Rechtssphäre der Bürger unzureichend ist, dürfte wohl kaum einer ernstgemeinten Anfechtung unterliegen. Bevor der einzelne eine ihm von der Rechtsordnung eingeräumte Position im Allgemeininteresse (hier: zur Verwirklichung einer staatlichen Raumplanungsentscheidung) aufgeben oder ihre Beeinträchtigung hinnehmen muß, muß ihm die Verteidigung seiner Rechtsposition effektiv möglich sein. Im Rahmen des verfassungsrechtlichen Schutzes seiner Rechtssphäre hat er Anspruch darauf, seine Rechtsposition nur rechtmäßigen Eingriffen zu opfern oder durch sie beeinträchtigen zu lassen. Ist die Effektivität des Rechtsschutzes in den Planungsfolgeverfahren im Regelfall nicht gewährleistet, weil die Planungsaussagen zur Raumnutzung bereits unmittelbar nach ihrem Zustandekommen[9]) verwirklicht werden können und Einzelinteressen dann geopfert werden müssen, muß eben die Rechtsschutzeröffnung vorverlegt werden. Es ist eines der wesentlichen Anliegen der vorliegenden Untersuchung, den Nachweis zu erbringen, daß diese Forderung nicht bloß idealisierendem Rechtsschutzdenken entspringt, sondern verfassungsdogmatisch begründet werden kann, soweit die Vorverlegung der Gewährleistung eines effektiven Grundrechtsschutzes dient.

2. Kriterien eines wirksamen Rechtsschutzes gegenüber staatlichen Raumplanungen

2.1. Wann greifen staatliche Raumplanungen in die Rechtssphärc einzelner ein?

Im Schrifttum setzt sich mehr und mehr durch, daß das enge, auf den Einzeleingriff abstellende Eingriffsbild der verwaltungsrechtlichen Dogmatik der Wirkung staatlicher Raumplanungen nicht gerecht wird. Ossenbühl hält das Kriterium der Unmittelbarkeit der Rechtswirkung, das den Rechtsschutz eröffnet, in bezug auf die planende staatliche Tätigkeit für „auflockerungsbedürftig", weil es „an anderen Handlungskategorien als dem Plan orientiert ist".[10]) Die neue „Eingriffs-Strategie" verlange „die Vorwärtsverteidigung", damit der Schaffung vollendeter Tatsachen begegnet werden könne. Die „Betroffenheit" des Bürgers müsse vom tatsächlichen Aspekt her gesehen werden, eine pure normative Betrachtung sei der planenden staatlichen Tätigkeit inadäquat. Auch Brohm kritisiert, daß der Dogmatik der langwierige und verzweigte Prozeß der Entscheidungsbildung entgehe, wenn sie auch bei komplizierten Verwaltungsentscheidungen auf die Regelung gegenüber dem Bürger fixiert bleibe, sich also an dem Endergebnis des Entscheidungsprozesses orientiere.[11]) Effektiver Rechtsschutz lasse sich „nur gewährleisten, wenn die

---

[9]) Die Formulierung muß hier derart vage gefaßt sein, gilt es doch vorerst, durchaus heterogene Erscheinungsformen staatlicher Raumplanungsentscheidungen generalisierend zu behandeln. Auf die einzelnen Erscheinungsformen wird im 3. Abschnitt dieser Untersuchung exemplarisch eingegangen.

[10]) In: Welche normativen Anforderungen stellt der Verfassungsgrundsatz des demokratischen Rechtsstaates an die planende staatliche Tätigkeit, dargestellt am Beispiel der Entwicklungsplanung? (Gutachten B zum 50. DJT, 1974), S. 174 ff.

[11]) In: Die Dogmatik des Verwaltungsrechts vor den Gegenwartsaufgaben der Verwaltung, in: VVDStRL 30 (1972), S. 245 ff., 289 ff.

Rechtsdogmatik ihre Sonde bereits dort ansetzt, wo die betreffenden Fragen, sei es auch nur im Teilbereich, tatsächlich entschieden werden". Damit ist vor allem die Frage angesprochen, in welchem Stadium ihres Ablaufs staatliche Raumplanungen in die Rechtssphäre einzelner eingreifen. Der Schlüssel zu ihrer Beantwortung liegt in der Reflexion der Stufenförmigkeit des Raumplanungsprozesses.

Es gehört heute zum gesicherten Stand der Planungsrechtswissenschaft, daß jeder Raumplanungsprozeß, ausgehend von der gesetzlichen Zielsetzung bis zur Realisierung der Planung, in mehreren Phasen erfolgt, in deren Abfolge die Aussage der Planung immer konkreter wird. Der Konkretisierungsprozeß ist unter zwei Gesichtspunkten rechtlich beachtlich: er bedeutet für die einzelne (Zwischen-)Stufe sowohl Verfeinerungsbedürftigkeit als auch das Abschneiden von Alternativen, weil die verfeinernde Planung nur sinnvoll ist, wenn das Planungsfeld durch Ausscheiden möglicher Alternativen verengt worden ist.[12]) Erst die rechtliche Erfassung dieser Planungsphasen zu Teilentscheidungen macht den Gesamtprozeß transparent, leichter nachvollziehbar und besser kontrollierbar.[13]) Dabei haben die Planungsgesetzgeber jeweils den Regelungsgehalt und das Verhältnis der Teilentscheidungen zueinander klarzustellen, weil mit Wahl als Regelungsminimum gefordert werden muß, „daß inhaltlich bestimmt wird, was Gegenstand der einzelnen Teilentscheidungen ist und nach welchen Abwägungsgesichtspunkten sie zu treffen ist".[14]) Nur dann läßt sich jene Planungsphase orten, die auf Grund ihres Entscheidungsgehaltes bereits in die Rechtssphäre der Planungsbetroffenen eingreift, weil die planerische Entscheidung nachfolgend nicht mehr zur Disposition steht, sondern bereits „auf Vollzug angelegt" ist. Sie ist – vor allem im Hinblick auf den am Entscheidungsgehalt auszurichtenden verfahrensmäßigen Rechtsschutz (dazu eingehend unten 2.3.) – zweckmäßigerweise zumindest von jener planerischen Entscheidung höherer Stufe zu trennen, mit der die raumordnungspolitische Grundsatzentscheidung getroffen wird und die noch keine spezielle Auseinandersetzung mit der besonderen rechtlichen und faktischen Situation einzelner Planungsbetroffener erfordert.[15])

Das österreichische Raumplanungsrecht trägt den entscheidungstheoretischen Anforderungen an die Strukturierung der Raumplanungsprozesse nur in Teilbereichen Rechnung. Es sehen zwar die Raumordnungsgesetze der Länder vor, daß die komplexe Aufgabe der Raumordnung durch eine Mehrzahl aufeinanderfolgender Programme und Pläne bewältigt werden soll, wobei von Programm zu Programm, von Plan zu Plan der territoriale Zuschnitt in der Regel kleiner wird und die sachliche Abstraktion abnimmt, bis die Gemeinden in ihren Flächenwidmungs- und Bebauungsplänen die Raumnutzung flächenkonkret regeln.[16]) Im Bereich des Fachplanungsrechts liegen die Dinge aber noch im argen. Als staatliche Fachplanungen sind nämlich nicht nur die wenigen aus-

---

[12]) So treffend R. Wahl, Der Regelungsgehalt von Teilentscheidungen in mehrstufigen Planungsverfahren, in: DÖV 1975, S. 373 ff., 375 f.

[13]) In diesem Sinne schon W. Brohm, Dogmatik (Anm. 11), S. 289 ff. und P. Pernthaler, Raumordnung (Anm. 2), III E 4., insbes. S. 235 ff.

[14]) In: Regelungsgehalt (Anm. 12), S. 377, 379.

[15]) Vgl. dazu P. Pernthaler, Raumordnung (Anm. 2), IV C 3., S. 392.

[16]) Zu dieser „Planhierarchie" siehe Fröhler-Oberndorfer, Raumordnungsrecht (Anm. 2), S. 26 f., 73 ff.

drücklich als solche bezeichneten und strukturierten Planungen, wie etwa die Bundesstraßenplanung [17]), zu qualifizieren. Auch jene behördlichen Bewilligungen, die die Realisierung bestimmter flächenbeanspruchender Projekte für zulässig erklären, wenn daran überwiegendes öffentliches Interesse besteht [18]), und die den Projektträgern regelmäßig das Mittel der Enteignung eröffnen, bilden Akte staatlicher Raumplanung. Sie sind aufgrund ihrer Flächenkonkretheit eigentlich die abschließenden Entscheidungen („bescheidförmige Planfeststellung") des Fachplanungsprozesses, doch fehlt oftmals eine dessen Stufenförmigkeit entsprechende Gliederung in rechtsförmliche Teilentscheidungen.[19]) Die bescheidförmige Planfeststellung ist dadurch mit Elementen der planerischen Entscheidung überfrachtet – man denke nur an die erforderliche Verarbeitung grundlegender Informationen und an die Erwägung von Alternativen, die im Zuge einer vorgeschalteten Grobplanung erfolgen sollte –, die den eigentlichen Gehalt der flächenkonkreten Planungsentscheidung verschleiern (dazu eingehender unten 2.3. und 3.2.3.).

Welche der stufenförmigen Raumplanungsentscheidungen wesensgemäß bereits „unmittelbar" auf die Rechtssphäre einzelner einwirkt, läßt sich Pernthaler zufolge danach bestimmen, ob die Planungsentscheidungen bloß Geltung beanspruchen oder bereits unmittelbar anwendbar, weil nicht mehr konkretisierungsbedürftig sind.[20]) Aufgrund der Bodenbezogenheit der staatlichen Raumplanung liegt es nahe, die Eingriffs- und Gestaltungswirkung der einzelnen Planungsstufen am Beispiel des verfassungsgesetzlich gewährleisteten Eigentumsrechts zu analysieren.

Fröhler und Oberndorfer haben überzeugend nachgewiesen, daß es die flächenkonkreten Raumplanungsentscheidungen sind, die die Eigentumsrechte an den in die Planung einbezogenen Liegenschaften hinsichtlich deren Ausübung und Nutzbarkeit funktionell formen.[21]) „Jede (flächenkonkrete) Planung vermag deshalb eine Rechtsbeeinträchtigung zu bedeuten, weil sie gegenüber dem früheren unverplanten Zustand eine mög-

---

[17]) Vgl. §§ 1 Abs. 2, 4 und 14 Bundesstraßengesetz 1971, BGBl. 286 i. d. g. F.

[18]) Bei den Straßenbaubewilligungen nach der Mehrzahl der Landesstraßengesetze, bei den Bewilligungen elektrischer Leitungsanlagen nach den Starkstromwegegesetzen der Länder, bei der Baugenehmigung für Eisenbahnanlagen/Seilbahnen nach dem Eisenbahngesetz 1957 (BGBl. 60 i. d. g. F.) und bei der Flughafen-Bewilligung nach dem Luftfahrtgesetz (BGBl. 253/1957 i. d. g. F.) müssen die Bewilligungsbehörden die Übereinstimmung einer beantragten Trassenführung bzw. eines beantragten Standorts mit den öffentlichen Interessen, etwa im Hinblick auf die Umweltbeeinträchtigung oder auf bestehende (verbindliche) andere Fachplanungen, her- bzw. feststellen. Dem antragstellenden Projektträger — sei er eine Gebietskörperschaft, ein öffentliches Unternehmen oder ein Privater — kommt nur Initialfunktion zu. Vgl. dazu die exemplarische Darstellung einzelner Fachplanungen im 3. Abschnitt dieser Untersuchung.

[19]) Das wasserrechtliche Bewilligungsverfahren für „bevorzugte Wasserbauten" bildet diesbezüglich eine Ausnahme — vgl. dazu zuletzt W. Pesendorfer, Die Rechtsstellung des von einem bevorzugten Wasserbau berührten Grundstückseigentümers, in: ZfV 1979, S. 1 ff., insbes. S. 10 ff.

[20]) In: Raumordnung (Anm. 2), III C 5., insbes. S. 96. Zur „Unmittelbarkeit" der Rechtswirkung im Planungsrechtsverhältnis vgl. die oben zitierten Überlegungen Ossenbühls (Anm. 10).

[21]) In: Rechtsschutz (Anm. 4), S. 38, auf der Grundlage ihrer „funktionellen Eigentumsauffassung", die sie in: Bodenordnung und Eigentumsgarantie (Bd. 19. d. Schriftenreihe d. Instituts f. Kommunalwissenschaften und Umweltschutz, 1975), S. 53 ff., und in: Raumordnungsrecht (Anm. 2), S. 171 ff., entwickelt haben.

liche Reduzierung von Nutzungsbefugnissen mit sich bringen kann oder — noch deutlicher — im Fall der Planänderung eine frühere, höherwertige Liegenschaftsnutzung in eine solche niedrigeren Wertes verwandeln kann."

Aufgrund ihrer Rechtsverbindlichkeit begründen die Abgrenzung eines Assanierungs- oder eines Bodenbeschaffungsgebietes, die rechtsförmliche Festlegung einer Straßentrasse, die luftfahrtrechtliche Bewilligung eines Flughafens, die Widmung bzw. Umwidmung von Liegenschaften zu Bauland, Grünland, als Vorbehaltsflächen usw., entweder individuelle Plandurchführungsverpflichtungen, soweit sie als „Positivplanung" ausgestaltet sind[22]), oder müssen in der unmittelbar anschließenden Phase der Plandurchsetzung als unumstößliche Gegebenheiten zugrunde gelegt werden.[23]) Dabei spielt es keine Rolle, in welcher Rechtsform die angeführten Raumplanungsentscheidungen verbindlich werden.[24]) Ihr gemeinsamer Wesenszug, die Flächenkonkretheit der Planungsaussage, führt ihre unmittelbare Anwendbarkeit herbei.

Zum selben Ergebnis führt der entscheidungstheoretische Ansatz W a h l s.[25]) Die materielle Betroffenheit einzelner sei danach aus dem Sachgehalt der die einzelnen Planungsstufen abschließenden Entscheidungen zu erschließen. Sie sei dann zu bejahen, wenn die sachgerechte Entscheidungsgrundlage der jeweiligen Teilentscheidung und die inhaltlichen Regelungselemente es erforderten, daß die Interessen einzelner erhoben und als solche in die „stufenspezifische Abwägung" einbezogen werden. Diese Charakteristik trifft auf die flächenkonkreten Raumplanungsentscheidungen voll zu. Bei ihnen müssen die privaten Interessen an einer bestimmten Liegenschaftsnutzung, soweit sie rechtlich verfestigt sind, Gegenstand der Interessenabwägung sein.[26]) Auf der Ebene der grundlegenden raumordnungspolitischen Entscheidung können private Nutzungsinteressen hingegen nur „in Form von aggregierten Daten und als quantitative Größen" Berücksichtigung finden.[27]) Diese Entscheidungen erfordern noch keine spezielle Auseinandersetzung mit der individuellen recht-

---

[22]) Bei der Positivplanung ist „im Planungsakt bereits die Planverwirklichung impliziert" — so F r ö h l e r - O b e r n d o r f e r, Raumordnungsrecht (Anm. 2), S. 160 ff.; dies., Positivplanung und Eigentumsrecht (Bd. 40 d. Schriftenreihe d. Instituts f. Kommunalwissenschaften und Umweltschutz, 1979), S. 16 ff. Diesen Charakter tragen die Assanierungs- und die Bodenbeschaffungsplanung, ihn tragen aber auch alle flächenkonkreten staatlichen Fachplanungen, soweit zu ihrer Durchsetzung die Möglichkeit der Enteignung vorgesehen ist (siehe dazu die Beispiele des 3. Abschnitts).

[23]) So P. O b e r n d o r f e r, Zur enteignungsrechtlichen Vorwirkung behördlicher Planungen, in: ÖZW 1975, S. 81 ff., 83.

[24]) Die Festlegung eines Assanierungs- oder eines Bodenbeschaffungsgebietes sowie die Flächenwidmungs- und Bebauungsplanung erfolgen in Verordnungsform, die Festlegung eines Flughafen-Standorts sowie von Seilbahntrassen erfolgt in Bescheidform, für die Bestimmung von Straßentrassen sehen die Mehrzahl der Landes-Straßengesetze die Bescheidform, das Bundesstraßengesetz 1971 hingegen die Verordnungsform vor. Die Frage der Anfechtbarkeit von Planungsverordnungen durch unmittelbar Betroffene wird im 3. Abschnitt dieser Untersuchung an Hand konkreter Beispiele eingehend erörtert (3.1.3. lit. b) und 3.2.3. lit. b)).

[25]) In: Regelungsgehalt (Anm. 12), S. 379.

[26]) Vgl. dazu F r ö h l e r - O b e r n d o r f e r, Raumordnungsrecht (Anm. 2), S. 92 ff., sowie nachfolgend 2.2.

[27]) So R. W a h l, Regelungsgehalt (Anm. 12), S. 378.

lichen Situation der Planungsbetroffenen.[28]) Erst ihre flächenmäßige Konkretisierung verlangt zwingend die Rechtsschutzeröffnung.

Es kann somit festgehalten werden, daß mit den wesensgemäß flächenkonkreten Raumplanungsentscheidungen jene Stufe des Raumplanungsprozesses gefunden ist, dergegenüber der gerichtliche Rechtsschutz eröffnet werden muß, damit vollendete Tatsachen nicht — wie eingangs dargestellt — geradezu zwangsläufig entstehen müssen.

2.2. Wer kann ein Rechtsschutzbedürfnis geltend machen?

Es stellt sich nunmehr die Frage, wer von flächenkonkreten Raumplanungsentscheidungen in seiner Rechtssphäre betroffen sein und deshalb ein Rechtsschutzbedürfnis geltend machen kann. Damit ist der heikle Problemkreis angesprochen, ob Individualinteressen nur insoweit geschützt sind, als der jeweilige Planungsgesetzgeber subjektive öffentliche Rechte eingeräumt hat, oder ob unabhängig davon der Gesamtbestand der subjektiven Rechte Planungsbetroffener, soweit er verfassungsgesetzlich verbürgt ist, Schutz vor raumplanerischer Beeinträchtigung genießt.

Im Schrifttum scheint sich mehr und mehr durchzusetzen, daß die subjektive Rechtsposition, rechtliche Nachteile aus Raumplanungen abzuwehren, nicht vom ausdrücklich erklärten Willen oder von der Absicht des Planungsgesetzgebers abhängen dürfe und könne.[29]) Sie ergebe sich vielmehr aus der „objektiven Interpretation" des Gesetzesinhalts: entscheidend sei, ob die betroffenen Rechtspositionen Gegenstand der gesetzlichen Regelung sind oder nicht.[30])

Eine ähnliche Linie verfolgt auch die ständige Rechtsprechung der Gerichtshöfe des öffentlichen Rechts zum Nachbarschutz. Ob aus einer baurechtlichen Bestimmung „ein subjektives öffentliches Nachbarrecht abgeleitet werden kann, ist nach der ständigen Rechtsprechung des Verwaltungsgerichtshofes davon abhängig, ob die Bestimmung dieser Gesetzesstelle nur dem öffentlichen Interesse oder auch dem Interesse der Nachbarschaft dient".[31]) Letzteres sei dann der Fall, wenn „die in diesen generellen Normen enthaltenen Regelungen tatsächlich unter Gesichtspunkten getroffen worden sind, die nicht nur öffentliche Interessen, sondern auch Interessen der Anrainer in sich schließen", wes-

---

[28]) So auch P. Pernthaler, Raumordnung (Anm. 2), IV C 3., S. 392. Zur ausnahmehaften Situation der „überörtlichen Knotenpunktplanung" siehe Fröhler-Oberndorfer, Raumordnungsrecht (Anm. 2), S. 127, 129. Dabei wird die Gestaltungsfreiheit des kommunalen Planträgers „auf Null reduziert"; eine unmittelbare Anwendbarkeit solcher parzellenscharfer überörtlicher Flächenwidmungen ist nicht bezweckt, so daß das Entstehen vollendeter Tatsachen nicht zu befürchten steht, und unter diesem Gesichtspunkt der Rechtsschutz über die Anfechtung der diesfalls gebundenen gemeindlichen Planungsentscheidung ausreicht.

[29]) Siehe R. Bartelsperger, Das Dilemma des baulichen Nachbarrechts, in: VerwArch 60 (1969), S. 35 ff., 47 ff., W. Brohm, Dogmatik (Anm. 11), S. 273 f., D. Lorenz, Rechtsschutz (Anm. 8), S. 50 ff., insbes. 56 f.; P. Pernthaler, Raumordnung (Anm. 2), III E 4., S. 244 ff. und IV C 2., insbes. S. 369; R. Wahl, Regelungsgehalt (Anm. 12), S. 376 m. d. Nachweis weiterer Vertreter der „Gesetzesunabhängigkeit des subjektiven Rechts".

[30]) W. Henke, Zur Lehre vom subjektiven öffentlichen Recht, in: FS f. W. Weber (1974), S. 495 ff., 510 f., und ihm für das Planungsrecht folgend R. Wahl, Regelungsgehalt (Anm. 12), S. 376 f.

[31]) So das bei Mannlicher-Quell, Das Verwaltungsverfahren (1975), S. 666, zitierte Erkenntnis des Verwaltungsgerichtshofes VwSlg. 6788 (A)/1965 sowie VwSlg. 7510 (A)/1969 u. a.

halb „auf ihre Einhaltung . . . den Nachbarn ein Rechtsanspruch zu(steht)".[32]) Solcherart auf den Schutzzweck der gesetzlich normierten Kriterien einer Entscheidung stellt auch der Verfassungsgerichtshof ab. Er zählt zu den subjektiven öffentlichen Rechten auch jene, „welche auf Rechtsvorschriften beruhen, die nicht nur dem öffentlichen Interesse, sondern auch den Interessen der Beteiligten dienen".[33]) Der Verfassungsgerichtshof bejaht daher die rechtliche Betroffenheit von Trägern subjektiver öffentlicher Rechte auch bei jenen Entscheidungen, bei denen von Gesetzes wegen bloß die Wahrung öffentlicher Rücksichten angeordnet scheint, die jedoch in Wahrheit zugleich im Interesse der Träger entsprechender subjektiver Rechte liegt.[34])

Für das Raumplanungsrecht läßt sich aus dieser Sicht die Erkenntnis gewinnen, daß aus allgemeinen Planungsgesichtspunkten dann die subjektive Rechtsposition auf Abwehr rechtlicher Nachteile interpretativ abgeleitet werden muß, wenn deren Erwägung zugleich im Interesse bestimmter Planungsbetroffener liegt und eine sachgerechte Abwägung es verlangt, daß jene Individualinteressen bei der Planungsentscheidung mitberücksichtigt werden. Letzteres ist nach dem Vorgesagten den flächenkonkreten Planungsentscheidungen wesensimmanent. Damit ist sicherlich ein großer Schritt zur Beseitigung von Rechtsschutzdefiziten getan. Die Abhängigkeit der subjektiven öffentlichen Abwehrrechte vom Willen der Planungsgesetzgeber bleibt aber letztlich doch bestehen: Die Möglichkeit, planerischen Eingriffen in die individuelle Rechtssphäre zu begegnen, bestünde eben nur insoweit, als der jeweilige Planungsgesetzgeber Entscheidungselemente — vor allem Abwägungsgesichtspunkte — normiert hat, die einer Interpretation im Sinne der Mitberücksichtigung von Individualinteressen zugänglich sind. Fehlen solche Entscheidungselemente bzw. -gesichtspunkte oder hat der Gesetzgeber ihre individuell-subjektive Komponente ausdrücklich ausgeschlossen[35]), so wäre kein Rechtsschutzanspruch gegeben. Dieser Konsequenz sind abermals die Einwände der Verfechter einer „Gesetzesunabhängigkeit" des subjektiven Rechts entgegenzuhalten.

Im deutschen Schrifttum sind daher Überlegungen zu einem rechtsschutzbegründenden „Durch- oder Rückgriff auf das als verletzt gerügte Grundrecht"[36]) entwickelt worden. Die Grundrechte bildeten die verfassungsrechtliche Umgrenzung der individuellen Sphäre, der der Umfang der eigenen Angelegenheiten des einzelnen zu entnehmen sei, und damit die eigentliche Grundlage für die Ableitung subjektiver öffentlicher Rechte aus Normen des objektiven Rechts.[37]) Durch die Einrichtung von Grundrechten, so argumentieren Eyermann und Fröhler, sei jedem von einem Verwaltungsakt Betroffenen schon von Verfassungs wegen ein Rechtsbereich garantiert, in den entweder überhaupt nicht oder nur auf bestimmte Weise eingegriffen werden dürfe.[36]) Die unbestrittene Kompetenz des einfachen Gesetzgebers, den Normadressaten Rechte zuzu-

---

[32]) So die bei Mannlicher-Quell, Verwaltungsverfahren (Anm. 31), zitierten Erkenntnisse des Verwaltungsgerichtshofes VwSlg. 4013 (A)/1956, 6246 (A)/1964 sowie 7510 (A)/1969.

[33]) So das Erkenntnis VfSlg. 4240/1962 und auch VfSlg. 7165/1973.

[34]) Vgl. das Erkenntnis VfSlg. 8034/1977.

[35]) So geschehen in § 7 Abs. 2 Bundesstraßengesetz 1971 — dazu eingehend unter 3.2.2.

[36]) So Eyermann-Fröhler, Verwaltungsgerichtsordnung (7. Aufl., 1977), RdNr. 98 c zu § 42 VwGO.

[37]) So D. Lorenz, Rechtsschutz (Anm. 8), S. 63.

erkennen oder nicht zuzuerkennen, fände hierin ihre Grenze; der einfache Gesetzgeber dürfe die grundgesetzlich geschützte Sphäre nicht dadurch aushöhlen, daß er Betroffenen im einfachen Gesetz keine durchsetzbaren (Abwehr-)Rechte verleiht. Eyermann und Fröhler stützen sich dabei auf eine Reihe von (nachbarrechtlichen) Urteilen des Bundesverwaltungsgerichtes, in denen den Nachbarn unmittelbar aus Art. 14 Abs. 1 GG ein Abwehrrecht zugebilligt wurde, obwohl durch die angefochtene Genehmigung keine nachbarschützende Norm verletzt wurde.[38])

Gegen diese Auffassung hat jüngst Thiele verfassungsrechtliche Bedenken angemeldet.[39]) Art. 14 GG sei nur „Wertentscheidung und Verhaltensvorschrift für die staatliche Tätigkeit und Abgrenzungsnorm für die Ordnung des Verhältnisses Staat – Bürger". Es sei Angelegenheit des (einfachen) Gesetzgebers, in den von der Verfassung vorgegebenen Schranken die Eigentumsordnung dem Wandel der gesellschaftlichen Situation anzupassen.[40]) Unausgeformtheit der Eigentumsgewährleistung in rechtlicher Beziehung und das Fehlen unterrangiger Rechtsnormen könnten nicht ersetzt werden durch direkte Inanspruchnahme von höherrangigen Normen. Entbehrt eine Vorschrift des einfachen Rechts eines nachbarschützenden Gehalts, so dürfe aus verfassungsrechtlichen Gründen nicht Art. 14 GG „nachgeschoben" werden, um einen Anspruch auf Nachbarschutz zu begründen; ein erworbener Bestand an vermögenswerten Gütern sei dann eben nicht vor ungerechtfertigten Eingriffen durch die öffentliche Gewalt geschützt. Diese Konsequenz geht zweifellos zu weit. Denn: Was ist von einer verfassungsrechtlichen Eigentums„garantie" zu halten, die nicht zugleich Rechtsschutz vor ungerechtfertigten Übergriffen auf den rechtmäßig erworbenen Bestand an vermögenswerten Gütern gewährt? Thiele selbst führt an, daß nach Auffassung des Bundesverfassungsgerichtes Art. 14 GG das Eigentum in seiner durch einfache Gesetze ausgeformten Art schützen will[41]), und zitiert Papier, demzufolge „nur die rechtssatzmäßig geprägte und anerkannte, die zur Rechtsstellung erhobene oder verdichtete Vermögensposition Eigentum i. S. des Art. 14 GG ist".[42]) Kann danach mit Fug und Recht von „Unausgeformtheit" des Eigentums in rechtlicher Beziehung gesprochen werden, weil einer die Nutzung bebauter Grundstücke unter Umständen nachhaltig beeinflussenden Norm ein Individualinteressen schützender Charakter fehlt, obwohl die Liegenschaften in Übereinstimmung mit den Bestimmungen des Baurechts verbaut worden sind? Verleihen nicht vielmehr jene baurechtlichen Bestimmungen, einmal individualisiert und zu einem Vermögenswert

---

[38]) Vgl. die in: Verwaltungsgerichtsordnung (Anm. 36), unter RdNr. 98 c zu § 42 VwGO angeführten Urteile v. 13. 6. 1969, abgedr. in: DVBl. 1970, S. 57, v. 14. 12. 1973, abgedr. in: DVBl. 1974, S. 358, und v. 21. 6. 1974, abgedr. in: DVBl. 1974, S. 777. In seinem Urteil v. 14. 4. 1978, 4 c 96, 97/76, hat das Bundesverwaltungsgericht klargestellt, daß nicht jeder Nachteil aus der Nutzung von Nachbargrundstücken dieses Abwehrrecht begründet; die Beeinträchtigung muß vielmehr „in ihrer Auswirkung jedes zumutbare Maß überschreiten und im Ergebnis die Aufrechterhaltung der bisherigen Nutzung geradezu unmöglich machen"; siehe dazu den auszugsweisen Abdruck in: NJW 1979, S. 995 f.

[39]) In: Zur Problematik der auf Art. 14 Abs. 1 GG gestützten Nachbarklage, in: DÖV 1979, S. 236 ff.

[40]) W. Thiele, Problematik (Anm. 39), S. 240, unter Hinweis auf I. v. Münch, Kommentar zum GG, Bd. 1 (1974), S. 491.

[41]) Unter Bezugnahme auf die Entscheidungen BVerfGE 11, 64 (70); 20, 351 (355 f.); 21, 73 (82); 24, 367 (389 und 396).

[42]) H.-J. Papier, Fälle zum Wahlfach Wirtschaftsverwaltungsrecht (1976), S. 57.

(Bau) konkretisiert, einen durch Art. 14 GG gesicherten Anspruch auf Schutz vor ungerechtfertigten oder unzumutbaren Eingriffen durch die öffentliche Gewalt? Nach dem bisher Gesagten scheint es, als sei die Position der Vertreter des Durch- oder Rückgriffs auf das als verletzt gerügte Grundrecht grundrechtsdogmatisch eher haltbar als Thieles Bedenken. Daher soll die im allgemeinen geringe Neigung des österreichischen Verfassungsgerichtshofes, den veralteten Grundrechtskatalog judikativ an die Grundrechtsbedrohungen der heutigen Funktionsweise der Staatsgewalt anzupassen[43]), nicht hindern, diese Überlegungen auch zur österreichischen Verfassungsordnung zu verfolgen. Zwar fehlt ihr eine ausdrückliche Rechtswegegarantie i. S. des Art. 19 Abs. 4 GG[44]), doch läßt sich aus der Regelung der Anfechtungs- bzw. Beschwerdelegitimation einzelner vor den Gerichtshöfen des öffentlichen Rechts (Art. 131 bis 132 sowie Art. 139 Abs. 1, 140 Abs. 1 und 144 Abs. 1 B-VG i. d. F. d. Novelle 1975, BGBl. 302) gleichfalls die absolute Gewährleistung umfassenden gerichtlichen Rechtsschutzes ableiten, soferne nur die Behauptung eines Betroffenen, unmittelbar durch eine generelle Norm oder durch einen individuellen Verwaltungsakt in seinen Rechten verletzt zu sein, möglich erscheint. Die beiden Verfassungsordnungen sind somit insoweit vergleichbar. Da sich auch die in der österreichischen Verfassungsordnung gewährleisteten Grundrechte als Verbürgungen subjektiver, durchsetzbarer Rechte des Menschen und Bürgers zeigen[45]), soferne ein hinlänglich individualisiertes rechtliches Interesse geltend gemacht werden kann[46]), läßt sich hierorts Überlegungen zu einem rechtsschutzbegründenden Durch- oder Rückgriff auf Grundrechte verfassungsdogmatisch wohl ebensowenig wie in der Diskussion zum Bonner Grundgesetz entgegenhalten.

Wohl in diesem Sinne vermitteln für Pernthaler das Eigentumsgrundrecht, der Gleichheitsgrundsatz und das Grundrecht auf das Verfahren vor dem gesetzlichen Richter „materielle Planungsrechte".[47]) Der in seinen privaten Vermögensrechten unzumutbar tangierte, durch willkürliche Planung bzw. Planungsänderung oder durch kompetenzwidrige oder gesetzlose Planungseingriffe in seiner Rechtssphäre betroffene Bürger hat nicht nur einen „tatsächlichen, reflexiven Vorteil" von einer richtigen Gesetzesanwendung.[48]) Er hat vielmehr von Verfassung wegen ein subjektives Recht darauf, planerische Maßnahmen, die in seine grundrechtlich geschützte Sphäre eingreifen, unmittelbar der verfassungsgerichtlichen Rechtmäßigkeitskontrolle zuzuführen.

---

[43]) So P. Pernthaler, Raumordnung (Anm. 2), IV A 1., S. 251 (Fn. 4).

[44]) Sie wird im deutschen Schrifttum, nicht zuletzt unter Bezugnahme auf Entscheidungen des Bundesverfassungsgerichts und des Bundesverwaltungsgerichts, als verfassungsrechtliche Gewährleistung effektiven Rechtsschutzes gegen alle Akte der öffentlichen Gewalt interpretiert — vgl. dazu D. Lorenz, Rechtsschutz (Anm. 8), S. 56 f., 145; F. Ossenbühl, Anforderungen (Anm. 10), S. 167 ff., insbes. 183; K. Finkelnburg, Das Gebot der Effektivität des Rechtsschutzes in der Rechtsprechung des Bundesverwaltungsgerichts, in: Verwaltungsrecht zwischen Freiheit, Teilhabe und Bindung (Festgabe aus Anlaß des 25jährigen Bestehens des Bundesverwaltungsgerichts, 1978), S. 196 ff., 170 f.

[45]) In diesem Sinne P. Pernthaler, Raumordnung (Anm. 2), IV B 2., S. 272, unter Hinweis auf F. Ermacora, Handbuch der Grundfreiheiten und Menschenrechte (1963), S. 1 und 24 ff.

[46]) Zum Gesichtspunkt der Grundrechtseffektivität in der Rechtsprechung des Verfassungsgerichtshofes siehe H. Schäffer, Verfassungsinterpretation in Österreich (1971), S. 154 ff.

[47]) In: Raumordnung (Anm. 2), IV B 2., S. 275.

[48]) So treffend D. Lorenz, Rechtsschutz (Anm. 8), S. 64.

Die eingangs dieses Kapitels gestellte Frage läßt sich somit folgend beantworten: Judikativ gesichert ist, daß subjektive Rechtspositionen auf Abwehr rechtlicher Nachteile aus Raumplanungen nicht nur dann bestehen, wenn sie vom Planungsgesetzgeber ausdrücklich eingeräumt worden sind, sondern auch dann, wenn sie sich aus allgemeinen Planungsgesichtspunkten interpretativ ableiten lassen, weil deren Beachtung zugleich im Interesse der Träger entsprechender subjektiver Rechte liegt, und sie nicht ausdrücklich ausgeschlossen worden sind. Darüber hinaus gilt es jedoch zu bedenken, daß schon die verfassungsrechtliche Unterschutzstellung bestimmter Rechtspositionen, hier vor allem der vermögenswerten Privatrechte, der Disposition des einfachen Planungsgesetzgebers entzogene Abwehrrechte gegenüber rechtswidrigen planerischen Eingriffen gewährt, will sie den Anspruch eines effektiven Schutzes erheben.

2.3. Beteiligung am Planungsverfahren?

Die Frage der Planungsbeteiligung der Bürger ist mit dem Phänomen vollendeter Tatsachen insoweit unmittelbar verknüpft, als die Inanspruchnahme des vorstehend behandelten Schutzes der individuellen Rechtssphäre, soll sie Chancen auf Erfolg haben, die möglichst frühzeitige Kenntnis der flächenkonkreten Raumplanungsentscheidung voraussetzt. Darüber hinaus ist zu bedenken, daß es im demokratischen Rechtsstaat unserer Zeit nicht mehr genügt, daß der Bürger sein Recht gegen Eingriffe des Staates in einem nachfolgenden gerichtlichen Verfahren suchen kann. In einer zeitgemäßen Deutung des Verhältnisses zwischen Staat und Bürger ist letzterer nicht mehr bloßer Adressat des staatlichen Handelns, mithin „Verwalteter", sondern an der staatlichen Willensbildung in der jeweils geeigneten Form zu beteiligen.[49]) Die gerichtliche Rechtmäßigkeitskontrolle vermag die Beteiligung im Verwaltungsverfahren keinesfalls zu ersetzen.

Für die planende Verwaltung ist daraus mit Pernthaler[50]) die Konsequenz zu ziehen, daß schon die inhaltliche Ausgestaltung der Planung der Beteiligung der planungsbetroffenen Bürger bedarf. Der rechtsstaatliche Gesichtspunkt des Rechtsschutzbedürfnisses bildet dabei den Minimalraster für die Eingrenzung des Kreises der am Planungsverfahren zu Beteiligenden.[51]) Organisation und Verfahren staatlicher Raumplanungsprozesse sind, soweit wie entscheidungstheoretisch nötig und möglich, daraufhin auszurichten. Das gilt insbesondere für die Form der Beteiligung, die in Einklang mit dem Konkretionsgrad der jeweiligen Planungsentscheidung bzw. mit den spezifischen

---

[49]) Vgl. dazu Th. Öhlinger, Das Problem des verwaltungsrechtlichen Vertrages (1974), S. 55 f.

[50]) Zur notwendigen „Koordination" zwischen Staat und Bürger siehe P. Pernthaler, Raumordnung (Anm. 2), III C 4., insbes. S. 83 ff.

[51]) Aus demokratietheoretischen Überlegungen wird auch eine weitere „Öffentlichkeit" des Raumplanungsprozesses zu erwägen sein — vgl. dazu ebenfalls die Überlegungen P. Pernthalers in: Raumordnung (Anm. 2), III E 4., m. w. Nachweisen; kritisch dagegen R. Mayntz, Funktionen der Beteiligung bei öffentlicher Planung, in: Demokratie und Verwaltung (Bd. 50 d. Schriftenreihe d. Hochschule Speyer, 1972), S. 341 ff.

Abwägungsvorgängen, die die einzelnen Planungsphasen kennzeichnen (dazu bereits oben 2.1.), stehen soll.

Im Fall der bescheidförmigen Planfeststellung ist dieses Problem relativ einfach zu lösen: Gemäß § 8 AVG genießen jene Personen im Verfahren zur Planfeststellung Parteistellung, die an der Sache vermöge eines Rechtsanspruchs oder eines rechtlichen Interesses beteiligt sind. Die rechtliche Betroffenheit ist nach den Ergebnissen des vorangegangenen Kapitels immer dann gegeben, wenn die in den einzelnen Planungsgesetzen normierten allgemeinen Planungsgesichtspunkte zugleich im Interesse von Trägern entsprechender materieller subjektiver Rechte liegen und eine sachgerechte Abwägung es verlangt, daß jene Individualinteressen bei der Planungsentscheidung mitberücksichtigt werden bzw. wenn grundrechtlich geschützte individuelle Rechtspositionen bedroht sind. Mit Pernthaler ist allerdings zu beklagen, daß die traditionelle österreichische Auffassung dahin geht, daß der einfache Gesetzgeber die Parteistellung völlig frei regeln könne, und daß nach der Rechtsprechung der Gerichtshöfe des öffentlichen Rechts die Parteistellung durch die materiellen Verwaltungsgesetze eingeräumt werden müsse.[52]) Das hat im Bereich des Fachplanungsrechts dazu geführt, daß selbst den durch die Planung mit der Enteignung bedrohten Liegenschaftseigentümern – etwa im Salzburger Landes-Straßengesetz 1972 – im Planfeststellungsverfahren keine Parteistellung zuerkannt wird[53]), daß die Gerichtshöfe des öffentlichen Rechts den durch den Betrieb eines projektierten Flughafens mit nachhaltigen Lärmimmissionen bedrohten Anrainern mangels gesetzlicher Regelung die Parteistellung verweigerten[54]), und daß dann, wenn eine Parteistellung gesetzlich eingeräumt ist, die Parteirechte oftmals gegenüber dem AVG eingeschränkt sind.[55]) Dem ist wiederum mit Pernthaler entgegenzuhalten, daß sich die „Parteistellung gemäß § 8 AVG ... aus dem – durch die Planung betroffenen – subjektiven Recht und nicht aus der Verfahrenskonstruktion des Planungsvorganges ergibt".[56])

Die abschließende exemplarische Darstellung einiger für die Umweltgestaltung besonders bedeutsamer staatlicher Raumplanungen wird zeigen, daß der Notwendigkeit frühzeitiger Kenntnis der flächenkonkreten Raumplanungsentscheidungen dann, wenn die Entscheidungen in Verordnungsform ergehen, ein Minimum an Beteiligung gegenübersteht. Den Planungsbetroffenen ist diesfalls durch die entsprechenden Planungsgesetze i. d. Regel nur das Recht eingeräumt, zum Entwurf der Planungsverordnung bzw. zu den Planungsunterlagen schriftliche Äußerungen, Einwendungen oder Anregungen ein- bzw. vorzubringen.[57]) Das entspricht zwar dem herkömmlichen Bild der Verordnung als genereller Norm, nicht jedoch der Eingriffsintensität der flächenkonkreten Planungsverordnungen.

Schon auf der Staatsrechtslehrer-Tagung 1959 hat Imboden dargetan, daß flächenkonkrete Planungsverordnungen keine generellen Rechtssätze sind, die die Normunterworfenen gleich behandeln wollen, daß sie jene vielmehr indivi-

---

[52]) In: Raumordnung (Anm. 2), IV C 2., S. 369 f., m. w. Nachweisen.

[53]) Dazu eingehend unter 3.2.3. lit. b).

[54]) Siehe die Erkenntnisse VwSlg. 7149 (A)/1967 und VfSlg. 6052/1969.

[55]) Zur damit verbundenen kompetenzrechtlichen Problematik vgl. H. Mayer, Der Parteibegriff im allgemeinen Verwaltungsverfahren, in: ZfV 1977, S. 485 ff., 490 f.

[56]) In: Raumordnung (siehe Anm. 52), S. 370.

[57]) So etwa § 21 Abs. 4 OÖ. Raumordnungsgesetz oder § 4 Abs. 5 Bundesstraßengesetz 1971. Dazu eingehender unter 3.1.3. lit. b) bzw. 3.2.3. lit. b).

duell, speziell und verschieden behandeln müssen, wenn sie ihren Zweck und ihr Ziel erreichen sollen.[58]) Ergehen aufgrund solcher Planungsverordnungen in den Planungsfolgeverfahren Bescheide, so kann von einer Konkretisierung im Sinn des klassischen Normenvollzugs nicht mehr gesprochen werden: die Planungsverordnungen haben die auf ihnen beruhenden Bescheide inhaltlich vorweggenommen, haben selbst den normativen Einzelakt der Rechtsgestaltung gesetzt.[59]) Angesichts dieser, individuelle Rechtspositionen betreffenden Vorwirkungen geht es nicht an, den solcherart Betroffenen das Recht auf echte Beteiligung im Planungsverfahren, das ihnen nach § 8 AVG zustünde, wenn die Planungsentscheidung in Form eines Bescheides (bescheidförmige Planfeststellung) getroffen würde, im Hinblick auf die Verordnungsform vorzuenthalten.[60]) Die Planungsgesetzgeber sind vielmehr verhalten, auch bei flächenkonkreten Planungen, die in Verordnungsform verbindlich werden, für die in ihrer Rechtssphäre berührten Planungsbetroffenen[61]) Mitwirkungsformen vorzusehen, wie sie zur zweckentsprechenden Rechtsverteidigung erforderlich sind. Unverzichtbar scheinen vor allem die Ansprüche auf Gehör[62]), auf Akteneinsicht[62]) und auf hinreichende Begründung der Planungsverordnung[63]), weil nur sie den Abwägungsvorgang einsichtig und nachvollziehbar machen. M. a. W.: Aus der von den Planungsgesetzgebern getroffenen Wahl einer bestimmten Rechtsform der flächenkonkreten Planungsentscheidung dürfen sich keine essentiellen Konsequenzen für den verfahrensmäßigen Rechtsschutz der in ihren Rechten Betroffenen ergeben.[64]) Nur unter dieser Voraussetzung kann das Phänomen des österreichischen Raumplanungsrechts, daß für flächenkonkrete Planungsentscheidungen, die in ihrer Funktion miteinander durchaus vergleichbar sind, unterschiedliche Rechtsformen vorgesehen sind, aus rechtsstaatlichen und demokratischen Gesichtspunkten als unbedenklich abgetan werden.

---

58) In: Der Plan als verwaltungsrechtliches Institut, in: VVDStRL 18, S. 113 ff., 119 ff.

59) P. Pernthaler, Raumordnung (Anm. 2), spricht von „tatbestandsmäßiger Konkretisierung" (S. 382), P. Oberndorfer im Zusammenhang mit den planbetroffenen Eigentumsrechten von „enteignungsrechtlicher Vorwirkung", in: Vorwirkung (Anm. 23), S. 81 ff.

60) In diesem Sinne auch F. Kopp, Beteiligung, Rechts- und Rechtsschutzpositionen im Verwaltungsverfahren, in: Verwaltungsrecht zwischen Freiheit, Teilhabe und Bindung (Anm. 44), S. 387 f., 399: „Für die Beteiligung der Bürger (müßten) die betroffenen Rechte und die Art, wie eine Norm sich darauf auswirkt, maßgeblich sein, nämlich, ob eine Norm wie ein Verwaltungsakt wirkt oder aber ausschließlich generellen Gehalt hat."

61) Eine breitere Öffentlichkeit der staatlichen Raumplanung steht in dieser, an Rechtsschutzerfordernissen orientierten Untersuchung nicht zur Diskussion. Vgl. dazu aber P. Pernthaler, Raumordnung (Anm. 2), III E 4.

62) Es darf allerdings nicht erst zu einem fertigen Entwurf einer flächenkonkreten Planungsverordnung eingeräumt sein, wie dies derzeit weitgehend der Fall ist — vgl. dazu unten 3.1.3. lit. b) und 3.2.3. lit. b).

63) Dazu jüngst P. Oberndorfer, Zur verfassungsgerichtlichen Kontrolle von Flächenwidmungsplänen, in: ÖZW 1978, S. 97 ff., 101 f.

64) Zur „Parteistellung" im Verordnungsverfahren siehe grundlegend P. Pernthaler, Raumordnung (Anm. 2), III E 4., insbes. S. 244 ff., 247, und IV C 3., insbes. S. 389 ff.

3. Kritische Betrachtung einiger Bereiche staatlicher Raumplanung

Die generalisierende Behandlung des gestellten Themas mündet nun in eine Analyse einiger Bereiche staatlicher Raumplanung, die für die Gestaltung der Umweltsituation von entscheidender Bedeutung sind. Damit soll beispielhaft aufgezeigt werden, wo die Schwachstellen der Rechtsschutzkonzeption der Planungsgesetzgeber und auch der Gerichtshöfe des öffentlichen Rechts liegen, die in manchen Fällen geradezu unausweichlich zur Konfrontation der Rechtsschutzbedürftigen mit vollendeten Tatsachen führen.

3.1. Die Flächenwidmungs- und Bebauungsplanung der Gemeinden

Die einschlägigen Landesgesetze zeigen für die Flächenwidmungs- und Bebauungsplanung der Gemeinden in den im vorstehenden Abschnitt als entscheidend für die Gewährung effizienten Rechtsschutzes erkannten Kriterien ein im großen und ganzen einheitliches Bild[65]), so daß die vorliegende Untersuchung nicht länderspezifisch zu differenzieren braucht, um die Möglichkeit des Entstehens rechtsschutzbeeinträchtigender vollendeter Tatsachen aufdekken oder ausschließen zu können.

3.1.1. Zur Eingriffs- und Gestaltungswirkung

Die Gemeindeebene bildet die unterste Stufe der Planhierachie der staatlichen Raumordnung. Der Zweck des Flächenwidmungsplanes liegt darin, das „Gemeindegebiet funktional zu gliedern und dabei unter Berücksichtigung überörtlicher Interessen die Bodennutzung entsprechend den räumlichen Erfordernissen der Gemeindeentwicklung festzulegen", während der Bebauungsplan die bauliche Ausnutzbarkeit des Baulandes regelt und insofern die Baulandwidmungen des Flächenwidmungsplanes konkretisiert.[66]) Beiden Planarten ist gemeinsam, daß sie wesensgemäß flächenkonkrete Aussagen treffen. In Verfolg der bereits oben gewonnenen Erkenntnisse ist daher davon auszugehen, daß die von Flächenwidmungs- und von Bebauungsplänen vorgenommenen Funktionsfestlegungen bereits unmittelbar auf die Rechtssphäre einzelner einwirken und deren Rechtsschutzbedürfnis akut entstehen lassen.

3.1.2. Zum Kreis der in ihren Rechten Betroffenen

Die „funktionelle Eigentumsauffassung" von Fröhler und Oberndorfer macht es einsichtig, daß die von den Flächenwidmungs- und Bebauungsplänen vorgenommenen Funktionsfestlegungen gegenüber den Eigentümern der in die Planungen einbezogenen Liegenschaften unmittelbar eintreten.[67]) Das naheliegende Rechtsschutzbedürfnis jener Liegenschaftseigentümer darf jedoch nicht zu einer verkürzten Sicht der Betroffenheit anderer Personenkreise

---

[65]) Siehe deren Zusammenstellung in: Rechtsvorschriften zu Umweltschutz und Raumordnung (Hgg. v. Institut für Stadtforschung), Bd. 1, Ö-31-1/9.

[66]) So Fröhler-Oberndorfer, Raumordnungsrecht (Anm. 2), S. 98 und 105.

[67]) Vgl. dazu vor allem die in Anm. 21 zitierten Arbeiten von Fröhler und Oberndorfer, denen auch P. Pernthaler in dieser Hinsicht zustimmt (vgl. Raumordnung, IV B 3., insbes. S. 299 f.).

führen. Die Flächenwidmungs- und die Bebauungsplanung sind nämlich von Gesetzes wegen daraufhin angelegt, die Umweltverhältnisse im Planungsgebiet, aber auch darüber hinaus, zu gestalten.[68]) Als Beispiel sei das oö. Raumordnungsgesetz zitiert, das für die örtliche Raumordnung eine Reihe von Planungsgrundsätzen mit unmittelbarem Umweltschutzbezug statuiert. Demnach ist auf den Schutz der Bevölkerung vor Lärmbelästigungen, Geruchsbelästigung, Strahlungen und Erschütterungen, auf die Sicherung gesunder Lebens- und Arbeitsbedingungen sowie auf die Sicherung und Verbesserung der räumlichen Voraussetzungen für eine leistungsfähige Wirtschaft Bedacht zu nehmen, wobei Gebiete mit besonderer Standorteignung für Betriebe der Industrie, des Gewerbes, der Energieversorgung usw. vor Nutzungen, die eine standortgerechte Verwendung behindern oder unmöglich machen, gesichert werden sollen.[69]) Ausdrücklich wird hervorgehoben, daß mit der Nutzungsfestlegung „nach Möglichkeit eine räumlich funktionelle Gliederung des Gemeindegebietes und möglichst wirksamer Umweltschutz erreicht" werden sollen. Damit sind im Sinne der Rechtsprechung der Gerichtshöfe des öffentlichen Rechts[70]) Belange angesprochen, deren Wahrung durchaus auch im unmittelbaren Interesse einzelner Träger entsprechender subjektiver öffentlicher Rechte liegt. Ein akutes Rechtsschutzbedürfnis wird daher einem Gewerbetreibenden, der einen genehmigten umweltbelastenden Betrieb führt und wenigstens versuchen können muß, heranrückende Wohnbebauung abzuwehren[71]), ebensowenig abgesprochen werden können (arg.: Sicherung der räumlichen Voraussetzungen für eine leistungsfähige Wirtschaft) wie dem Eigentümer eines Wohnhauses bzw. Wohnungsmietern[72]), deren Immissionslage durch die Verwirklichung der Planung eines Betriebsgebietes in ihrer unmittelbaren Nachbarschaft entscheidend verschlechtert würde (arg.: Schutz vor Lärm- und Geruchsbelästigungen). Dabei spielt es keine Rolle, ob der Betrieb oder das Wohnhaus in das Planungsgebiet einbezogen ist oder nicht, weil auch eine Ausgrenzung an der Bedrohung der Rechtssphäre des Gewerbetreibenden, des Hauseigentümers bzw. der Mieter durch Planungsfolgeverfahren[73]) nichts ändert. Um Mißverständnissen vorzubeugen, sei hervorgehoben, daß nur schwere, unzumutbare Beeinträchtigungen der gegebenen Nutzung geeignet sind, den verfassungsrechtlichen Schutz einer Rechtsposition in diesem Sinne zu aktivieren.

---

[68]) So schon E. Wolny, Umweltschutz (Anm. 1), S. 56 ff.

[69]) Vgl. § 2 Abs. 9 insbes. Z. 6 und 7, Abs. 6 Z. i. V. m. §§ 3, 13 Z. 2 und 15 Abs. 8 OÖ. Raumordnungsgesetz.

[70]) Siehe dazu schon oben 2.2., insbes. Anm. 31 bis 34.

[71]) Zu den Konsequenzen, die einem Gewerbetreibenden als „latentem Störer" drohen, siehe H. Lenz, Gewerbebetrieb und Umweltschutz, in: Fröhler-Pindur (Hg.), Rechtsprobleme (Anm. 1), S. 65 ff., 81 ff., sowie Fröhler-Kormann, Gewerbebetrieb und heranrückende Wohnbebauung. Vorbeugender Rechtsschutz für den „latenten Störer" (1977), insbes. S. 43 ff. Aber auch der Um- oder der Ausbau der Betriebsanlage ist bedroht, weil nach Auffassung des Verwaltungsgerichtshofes jede wesentliche Änderung einer genehmigten Betriebsanlage der Genehmigung nach § 74 Abs. 2 GewO 1973 bedarf und mit der aktuellen Widmung der umliegenden Liegenschaften in Beziehung zu setzen ist (§ 81 leg. cit.) — vgl. das Erkenntnis v. 23. 11. 1977, Zl. 2670, 2757/76 (= ZfVB 1978/3/1008).

[72]) Nach der Rechtsprechung des Verfassungsgerichtshofes umfaßt die verfassungsrechtliche Eigentumsgarantie alle vermögenswerten Privatrechte — vgl. dazu P. Pernthaler, Raumordnung (Anm. 2), IV B 3., S. 290.

[73]) Im Verfahren zur Erteilung der gewerberechtlichen Betriebsanlagengenehmigung ist den Mietern Parteistellung eingeräumt! Vgl. dazu A. Duschanek, Die Genehmigung gewerblicher Betriebsanlagen, in: H. P. Rill (Hg.), Gewerberecht (1978), S. 257 ff., 279 ff.

3.1.3. Zur Rechtsschutzgewährung

a) Zur Rechtsform:

Im Hinblick auf die mit der Wahl der Rechtsform nach herrschender Auffassung verknüpften Konsequenzen für die Qualität des Rechtsschutzes erscheint es unverzichtbar, die Verordnungsform flächenkonkreter Raumplanungsentscheidungen in jedem Fall, somit auch hinsichtlich der Flächenwidmungs- und der Bebauungsplanung, zu problematisieren. Imbodens Qualifikation des flächenkonkreten Plans als „Instrument nicht-rechtssatzmäßiger inhaltlicher Koordinierung von ermessensweise getroffenen Einzelverfügungen"[74]) kann flächenkonkreten Raumplanungen in Verordungsform dann nicht entgegengehalten werden, wenn ihnen von Gesetzes wegen die generalisierende Funktion einer überfachlichen „Konzeptionsplanung" eigen ist.[75]) Dieser Wesenszug wird der Flächenwidmungs- und der Bebauungsplanung der Gemeinden von den Gerichtshöfen des öffentlichen Rechts in ständiger Rechtsprechung bescheinigt.[76]) Dem kann auch in bezug auf die Bebauungsplanung, an der sich in erster Linie die im Schrifttum geäußerten Zweifel entzündeten[77]), zugestimmt werden. Obwohl sie auch Mittel zur Verwirklichung der von Flächenwidmungsplänen in Form von Widmungen gesetzten räumlichen Entwicklungsvorstellungen ist[78]), dominiert die generalisierende Betrachtungsweise gegenüber den Einzelinteressen dennoch. Mit den Worten des Verwaltungsgerichtshofes: Die Verteilung des „im Planungsgebiet unterzubringenden Bauvolumens . . . erfolgt modernen Grundsätzen entsprechend in aller Regel nicht gleichförmig, sondern mit gewissen Schwerpunkten", deren Anordnung „ein Ausfluß der Planungsautonomie der Gemeinden" ist.[79])

b) Verfahrensrechtlicher Rechtsschutz:

Die einschlägigen Landesgesetze sehen die Beteiligung der betroffenen Bürger an der Flächenwidmungs- und an der Bebauungsplanung der Gemeinden in der Regel zweiphasig vor: „Die Absicht, einen Flächenwidmungsplan aufzustellen, ist überdies vom Bürgermeister durch vierwöchigen Anschlag an der Amtstafel mit der Aufforderung kundzumachen, daß jeder Planungsträger innerhalb einer angemessen festzusetzenden Frist seine Planungsinteressen dem Gemeindeamt (Magistrat) schriftlich bekanntgeben kann."[80]) „Planungsträger" in diesem Sinne sind wohl nicht nur die Körperschaften des öffentlichen Rechts (Gebietskörperschaften, Kammern), sondern auch öffentliche und private Unternehmen; es ist allerdings mehr als fraglich, ob diese Eigenschaft allen privaten

---

74) In: Plan (Anm. 58), S. 124; vgl. aber auch die Differenzierung ibd. S. 137 f.

75) Zur Unterscheidung der öffentlichen Planungen nach ihren unterschiedlichen Funktionen siehe F. Wagener, Öffentliche Planung und zukünftige politische Entscheidung, in: Demokratie und Verwaltung (Bd. 50 der Schriftenreihe der Hochschule Speyer, 1972), S. 571 ff., 573.

76) Siehe zuletzt R. Unkart, Bebauungsplanung im Spiegel oberstgerichtlicher Entscheidungen, in: Berichte z. Raumforschung u. Raumplanung 1979/H. 1, S. 3 ff.

77) Vgl. dazu Fröhler-Oberndorfer, Das Wirtschaftsrecht als Instrument der Wirtschaftspolitik (1969), S. 148, 151, und deren kritische Würdigung des Schrifttums.

78) So Fröhler-Oberndorfer, Raumordnungsrecht (Anm. 2), S. 26.

79) So der Verwaltungsgerichtshof in seinem Erkenntnis VwSlg. 8481 (A)/1973.

80) So § 21 Abs. 2 1. Satz OÖ. Raumordnungsgesetz beispielhaft für ähnliche Regelungen in den übrigen Landesgesetzen.

Liegenschaftseigentümern zugebilligt werden kann.[81]) Hingegen ist jedermann, der ein berechtigtes Interesse glaubhaft machen kann, berechtigt, zum fertigen Planungsentwurf, d. h. noch vor Beschlußfassung eines Flächenwidmungsplanes oder eines Bebauungsplanes durch den Gemeinderat, während der Auflagefrist schriftliche Anregungen oder Einwendungen einzubringen.[82]) Pernthaler qualifizierte auch diese Stellungnahmen als unverbindlich, weil sie nicht behandelt werden müßten, sondern in einem allgemeinen Entscheidungsverfahren berücksichtigt werden könnten oder nicht.[83]) Im Lichte der jüngsten Rechtsprechung des Verfassungsgerichtshofes zur örtlichen Raumplanung ist diese Qualifikation in ihrer Allgemeinheit wohl nicht länger aufrechtzuerhalten. In den Erkenntnissen vom 13. März 1978, V 51/77[84]), und vom 28. Juni 1978, V 9/78[85]), hat der Gerichtshof versucht, die planerische Gestaltungsfreiheit dadurch einzuengen, daß er von den Gemeinden den Nachweis umfassender Raumforschung, Interessenabwägung und eine gehörige Planbegründung verlangte. Es darf angenommen werden, daß diese Anforderungen an die Flächenwidmungs- und Bebauungsplanung in Hinkunft unabdingbare Rechtsschutzstandards bilden werden.[86]) Oberndorfer hat in einer ersten Analyse der genannten Erkenntnisse bereits aufgezeigt, daß vor allem der Gesichtspunkt der Interessenabwägung die gehörige Einbringung auch der rechtlich geschützten Individualinteressen verlangt.[87]) Die Berücksichtigung dieser Interessen steht keinesfalls mehr im Belieben der planenden Gemeinden, da ihr Fehlen den Plan stets mit Rechtswidrigkeit belastet.[88]) Darin sieht Oberndorfer auch die rechtliche Notwendigkeit begründet, die künftig Betroffenen am Planungsverfahren zu beteiligen, und spricht zutreffend von einem „subjektiven Recht auf Beiziehung zum Planungsverfahren".[89]) Im Hinblick auf die Ergebnisse der vorliegenden Untersuchung (siehe insbes. 2.2.) ist allerdings anzumerken, daß er den Kreis der Träger dieses Rechts zu eng zieht, wenn er dieses Recht auf Liegenschaftseigentümer bzw. dinglich Berechtigte begrenzt sehen will.

---

[81]) Deren Beteiligung schon zu diesem frühen Zeitpunkt ist nur nach dem Stm. Raumordnungsgesetz zweifelsfrei geregelt: Nach Bekanntgabe der Absicht, einen Flächenwidmungsplan oder Bebauungsplan aufzustellen oder zu ändern, durch den Gemeinderat kann „jedes Gemeindemitglied sowie jede physische und juristische Person, die ein berechtigtes Interesse glaubhaft machen kann, Bauvorhaben und sonstige Planungsinteressen schriftlich bekanntgeben" (§ 29 Abs. 1).

[82]) So wiederum beispielhaft § 21 Abs. 4 OÖ. Raumordnungsgesetz.

[83]) In: Raumordnung (Anm. 2), IV C 3., S. 383.

[84]) Es betraf einen Flächenwidmungsplan und ist auszugsweise abgedr. in: ZfV 1978/5/2011.

[85]) Es betraf einen Bebauungsplan und ist auszugsweise abgedr. in: ZfV 1978/6/2188.

[86]) Als „neue" Anforderungen werfen sie erhebliche Probleme für alle bestehenden örtlichen Raumordnungsplanungen auf, die ihnen nicht genügen und denen daher das Verdikt der Gesetzes- bzw. Verfassungswidrigkeit droht. Diese zusätzliche Gefährdung des Bestandes von Planungsverordnungen macht deutlich, daß das Fehlen einer Befristung der Anfechtung von Verordnungen nach den Art. 139 Abs. 1 und 144 Abs. 1 B-VG, jeweils i. d. F. d. B-VG-Novelle 1975 (BGBl. 302), für wesensgemäß individuell wirksam werdende Verordnungen problematisch ist.

[87]) In: Kontrolle (Anm. 63), S. 100 f.

[88]) P. Oberndorfer, Kontrolle (Anm. 63), S. 101, unter Hinweis auf die Abwägungsfehlerlehre von E. Hoppe, Planung und Pläne in der verfassungsgerichtlichen Kontrolle, in: Bundesverfassungsgericht und Grundgesetz (1976), S. 691 ff., 705 ff.

[89]) Siehe auch schon R. Bartelsperger, Dilemma (Anm. 29), S. 47 ff. Noch in seinem Erkenntnis v. 20. 12. 1977, B 103/76, sprach allerdings der Verfassungsgerichtshof „jenen Personen, die von einem Bebauungsplan möglicherweise betroffen werden", „ein Recht auf Mitwirkung an der Erzeugung . . . in der Rechtsstellung einer Partei" ab.

Die verfassungskonforme Interpretation der raumordnungsrechtlich eingeräumten Rechte einzelner, zum Entwurf eines Flächenwidmungs- oder Bebauungsplanes Stellung zu nehmen, macht diese Rechte dennoch nicht zu echten Mitwirkungsrechten, wie sie entscheidungstheoretisch, aber auch bloß unter dem Gesichtspunkt einer zeitökonomischen Vorgangsweise geboten wären. Die Fertigstellung des Entwurfes eines Flächenwidmungsplanes ist eine bedeutsame Vorentscheidung; aufgrund des Charakters einer Konzeptionsplanung ist eine Abänderung des Entwurfes im Detail kaum möglich, ohne das Konzept als solches in Frage zu stellen. Aus zeitlichen wie aus finanziellen Gründen wird der beschlußfassende Gemeinderat daher nur zu oft rechtlich beachtliche Anregungen oder Einwendungen als nachrangig „wegbegründen".

Effektiven verfahrungsrechtlichen Schutz werden die von Flächenwidmungs- und von Bebauungsplanungen künftig rechtlich Betroffenen erst genießen, wenn sie schon im Entwurfsstadium mit den Planungsabsichten der Gemeinde vertraut gemacht und gehört werden. Insoweit sind Pernthalers Bedenken und seine Forderung nach einer echten Parteistellung auch im Verordnungsverfahren, die er für durchaus verfassungs- und systemkonform hält, nach wie vor berechtigt.[90])

c) Gerichtlicher Rechtsschutz:

Es spricht vieles dafür, daß der Verfassungsgesetzgeber bei der mit Bundesverfassungsgesetz v. 15. Mai 1975 (BGBl. 302) vorgenommenen Erweiterung des Kreises der zur Anfechtung einer Verordnung vor dem Verfassungsgerichtshof Legitimierten um jene Personen, die unmittelbar durch eine behauptete Gesetzwidrigkeit der Verordnung in ihren Rechten verletzt zu sein behaupten (Art. 139 Abs. 1 letzter S. B-VG n. F.), u. a. dem Rechtsschutzbedürfnis gegenüber flächenkonkreten Planungsverordnungen abhelfen wollte.[91]) Auch fehlt es nicht an rechtsdogmatischen Argumenten dafür, wann die unmittelbare Wirksamkeit flächenkonkreter Planungsverordnungen und damit die Antragslegitimation einzelner Betroffener bejaht werden müßte. Im Zentrum der Überlegungen stehen die „enteignungsrechtlichen Vorwirkungen" solcher Planungen.[92]) Die Enteignungsbehörden sind nämlich an die planerische Aussage, etwa an die Widmung als Vorbehaltsfläche, gebunden; es steht ihnen nicht zu, die Notwendigkeit des Projektes als solches zu prüfen.[93]) Fröhler und Oberndorfer bejahen daher wegen der funktionellen Formung des Eigentumsrechts an Grund und Boden und der darin liegenden realen Möglichkeit der unmittelbaren Rechtsbeeinträchtigung die Anfechtbarkeit von Flächenwidmungs- und Bebauungsplänen nach Art. 139 Abs. 1 B-VG n. F. durch die davon betroffenen Liegenschaftseigentümer ohne Rücksicht darauf, ob im konkreten Fall enteignungsrechtliche Vorwirkungen vorlägen oder nicht.[94])

---

[90]) In: Raumordnung (Anm. 2), IV C 3., S. 384 und 389.

[91]) Zu den Intentionen des Verfassungsgesetzgebers siehe F. Ermacora, Verfassungsänderungen 1975, in: JBl. 1976, S. 79 ff., 81.

[92]) Einzelne Raumordnungsgesetze der Länder sehen zur widmungsgemäßen Nutzung als „Vorbehaltsflächen" gewidmeter Grundstücke das Mittel der Enteignung vor, desgleichen das Bodenbeschaffungsgesetz (BGBl. 288/1974) und das Stadterneuerungsgesetz (BGBl. 287/1974) zur Durchsetzung der Planungsverordnungen.

[93]) Dazu eingehend P. Oberndorfer, Vorwirkung (Anm. 23), S. 81 ff.; K. Berchthold, Zur Erweiterung des Rechtsschutzes im öffentlichen Recht, in: ÖJZ 1976, S. 589 ff., 592 f.

[94]) In: Rechtsschutz (Anm. 4), S. 37 f. Dazu auch schon oben 1.1. und 2.1.2.

Der Verfassungsgerichtshof interpretierte hingegen Art. 139 Abs. 1 B-VG n. F. von Beginn an restriktiv. Er erhob in kürzester Zeit zum Theorem, daß „ein unmittelbar durch die Norm bewirkter, die Antragslegitimation begründender Eingriff in die Rechtssphäre einer Person nur dann anzunehmen (ist), wenn er nach Art und Ausmaß durch das Gesetz selbst eindeutig bestimmt ist, die (rechtlich geschützten) Interessen der betreffenden Person nicht bloß potentiell, sondern aktuell beeinträchtigt und ein anderer zumutbarer Weg zur Geltendmachung der behaupteten Rechtswidrigkeit nicht zur Verfügung steht", und hat damit bisher die Mehrzahl der Individualanfechtungen zurückgewiesen.[95])

Alles deutet darauf hin, daß die zentrale Bedeutung dem Abgrenzungsgesichtspunkt der Zumutbarkeit der Rechtsverfolgung über einen anderen Rechtsweg zukommt.[96]) Auch im Erkenntnis v. 16. Dezember 1978, V 11/77, ließ der Verfassungsgerichtshof eine Individualanfechtung eines Flächenwidmungsplanes nur zu, weil „ein anderer zumutbarer Weg, die behauptete Gesetzwidrigkeit der Verordnung an den Verfassungsgerichtshof heranzutragen, nicht erkennbar" war. Der bekämpfte Flächenwidmungsplan widmete ein vom Eigentümer zur Wohnverbauung vorgesehenes Grundstück als „Grünland-Park", woraus sich in Verbindung mit Bestimmungen der Landes-Bauordnung ein ausnahmsloses Verbot der Errichtung von Bauwerken, die nicht der parkmäßigen Nutzung dienen, ergab. Der Verfassungsgerichtshof mutete es den Eigentümern nicht zu, ihr Recht über ein förmliches Baubewilligungsansuchen und Art. 144 Abs. 1 B-VG n. F. zu suchen: „Es kann von den Antragstellern nicht erwartet werden, daß sie allein zu diesem Zweck die für eine Baubewilligung erforderlichen Planunterlagen anfertigen lassen." [97])

Man mag zum Abgrenzungsgesichtspunkt der Zumutbarkeit der Rechtsverfolgung über einen anderen Rechtsweg stehen wie man will. Die Auslegung der verfassungsgesetzlichen Rechtswegegarantien hat stets unter der Maxime zu erfolgen, daß den Bürgern die Behauptung ihrer rechtlich geschützten Positionen nicht unnötig erschwert oder gar verwehrt wird. Im Falle flächenkonkreter Planungsverordnungen gilt es, das Wesen derartiger Verordnungen zu bedenken. Es ist an anderer Stelle dieser Untersuchung bereits eingehend dargestellt worden. Vor allem die Eigendynamik flächenkonkreter Planungsverordnungen steht dann einem Verweis auf die Planungsfolgeverfahren grundsätzlich entgegen.

Die Rechtsprechung des Verfassungsgerichtshofes zum Rechtsschutz gegenüber örtlichen Raumplanungen steht somit nicht in Einklang mit dem tatsäch-

---

95) Den Beginn setzte der Beschluß v. 17. 3. 1977, G 15/76 (VfSlg. 8009). Vgl. dazu auch eine von Th. Öhlinger vorgenommene erste Analyse der bis Anfang 1978 ergangenen Entscheidungen, in: Vortragsbericht der Kärntner Juristischen Gesellschaft, in: JBl. 1978, S. 641 f.

96) Dazu H. Haller, Der Individualantrag zur Verordnungs- und Gesetzesprüfung, in: ZfV 1976, S. 230 ff., 241 ff.

97) Auf die Überlegungen, die den Verfassungsgerichtshof im konkreten Fall zur Abweisung der Anfechtung bewogen, kann aus Platzgründen nicht eingegangen werden. Nur soviel sei angemerkt: Angesichts des globalen Charakters eines Flächenwidmungsplanes, mit dem der Gerichtshof ja einerseits die Verordnungsform begründet, erscheint es fraglich, ob die konkrete Flächenwidmung tatsächlich vom Inhalt des Raumordnungsprogrammes getrennt behandelt werden kann, weil „ein untrennbarer innerer Zusammenhang mit anderen Bestimmungen des Raumordnungsprogrammes nicht besteht".

lichen Rechtsschutzbedürfnis. Der Gerichtshof betont zwar zutreffend die Notwendigkeit der Erfassung aller rechtlich relevanten Individualinteressen sowie der umfassenden Planbegründung [98]), schmälert aber andererseits die Rechtsschutzchance der in jenen Interessen letztlich dennoch Betroffenen entscheidend, solange er den Rechtsweg der Individualanfechtung für die Mehrzahl der Fälle verwehrt.

3.2. Die Straßenplanung

Im Bereich der Straßenplanung zeigt sich mit besonderer Deutlichkeit, welche Konsequenzen für die Effektivität des Rechtsschutzes der Planungsbetroffenen mit der These von der Freiheit des Gesetzgebers, den Planungsprozeß zu gestalten, die Rechtsform der Planungsentscheidung festzulegen und Betroffenenbeteiligung vorzusehen oder nicht vorzusehen, verbunden sein können.

3.2.1. Zur Eingriffs- und Gestaltungswirkung

Nach dem Bundesstraßengesetz 1971 (BGBl. 286 i. d. g. F.) können die Übernahme und der Bau von „Straßenzügen mit Bedeutung für den Durchzugsverkehr" nur aufgrund eines Bundesgesetzes erfolgen (§ 1 Abs. 2). Die Straßenverwaltungsgesetze der Länder sehen für die grundsätzliche Entscheidung über das Ob eines Straßenneubaus bezüglich der Landesstraßen [99]) zum Teil einen Gesetzgebungsakt [100]), zum Teil einen bloßen Landtagsbeschluß [101]) oder einen Beschluß der Landesregierung [102]) vor.

Es liegt auf der Hand, daß die grundsätzliche verkehrspolitische Entscheidung für eine bestimmte Straßenverbindung noch nicht geeignet ist, unmittelbar in die Rechtssphäre einzelner einzugreifen. Soweit die Gesetzgeber überhaupt Kriterien für diese Entscheidung vorgegeben haben, tragen jene im Hinblick auf den Abstraktionsgrad der Entscheidung ausschließlich Allgemeininteressen schützenden Charakter. Mit der Feststellung eines überwiegenden öffentlichen Interesses an einer bestimmten Straßenverbindung ist daher nicht auch schon deren konkreter Verlauf legitimiert. In allen Fällen bedarf es einer Konkretisierung hinsichtlich des flächenkonkreten Verlaufs und der technischen Ausführung der Trasse. Das ist jene Phase im straßenplanerischen Entscheidungsprozeß, in der aus rechtlicher Sicht die Weichen für die Realisierung des Straßenbauvorhabens endgültig gestellt werden. Ab ihrem rechtsförmlichen Abschluß ist für die Planbetroffenen – um beim Bild zu bleiben – der Zug abgefahren. Die folgende Analyse und Wertung des Rechtsmaterials konzentriert sich daher auf diese Planungsstufe.

---

[98]) Vgl. die Erkenntnisse v. 13. 3. 1978, V 51/77 (= ZfVB 1978/5/2011) und v. 28. 6. 1978, V 9/78 (= ZfVB 1978/6/2188).

[99]) Auf eine Erörterung auch der Planung von Gemeindestraßen wird aus Platzgründen verzichtet.

[100]) Z. B. das Salzburger Landesstraßengesetz 1972, LGBl. 119 (§ 18 Abs. 1) und das Tiroler Straßengesetz, LGBl. 1/1951 (§ 4 Abs. 2).

[101]) Z. B. das Steiermärkische Landesstraßenverwaltungsgesetz 1964, LGBl. 154 (§ 8 Abs. 1).

[102]) Z. B. das OÖ. Landes-Straßenverwaltungsgesetz 1975, LGBl. 22 (§ 29 Abs. 1) und das Vbg. Straßengesetz, LGBl. 8/1969, das zudem die Kundmachung als Verordnung der Landesregierung vorschreibt (§ 5 Abs. 1).

3.2.2. Zum Kreis der in ihren Rechten Betroffenen

Den ersten Ansatzpunkt zur Eruierung der durch die Planung von Straßen in ihren Rechten Betroffenen liefert auch in diesem Fall die verfassungsrechtliche Eigentumsgarantie. Sowohl das Bundesstraßengesetz 1971 als auch die Straßengesetze der Länder räumen den jeweils bautragenden Gebietskörperschaften die Möglichkeit ein, notfalls die Enteignung der zur Verwirklichung eines Straßenbauvorhabens erforderlichen Grundflächen zu beantragen. Ausgehend von den verfassungsrechtlichen Anforderungen an Enteignungen – an der Inanspruchnahme eines Grundstückes muß ein konkretes öffentliches Interesse bestehen, die Grundfläche darf nicht auf andere Weise als durch Enteignung zu beschaffen sein, der enteignete Grundeigentümer oder dinglich Berechtigte hat Anspruch auf angemessene Entschädigung[103]) – stellt sich das Rechtsschutzbedürfnis der Liegenschaftseigentümer zumindest zweischichtig dar: es besteht nicht nur danach, daß geprüft werde, ob die zur Enteignung beantragte Liegenschaft zur Verwirklichung der Planung benötigt wird und das geplante Objekt nicht auch ohne Enteignung verwirklicht werden kann; auch die Planung selbst muß einer Kontrolle dahingehend zugeführt werden, ob ihre Verwirklichung tatsächlich aus öffentlichen Rücksichten geboten ist (grundsätzliche Rechtfertigung des geplanten Objektes).

Oberndorfer hat bereits aufgezeigt, daß die Enteignungsbehörde nur im Falle der Planung von Straßen in Privatwirtschaftsverwaltung alle verfassungsgesetzlichen Enteignungsvoraussetzungen, somit auch die grundsätzliche Frage, ob ein öffentliches Interesse an der Verwirklichung des Projektes in der vorliegenden Form besteht, zu prüfen hat.[104]) Bei rechtsverbindlichen Straßenplanungen, seien sie in Verordnungsform erlassen, seien sie mit Bescheid festgestellt, ist über dieses Interesse bereits verbindlich entschieden[105]), so daß Einwände dagegen im Enteignungsverfahren nicht mehr zulässig sind. Die Enteignungsbehörde ist insoweit präjudiziert.[106]) Die Grundstückseigentümer, deren Grundstücke einer verbindlichen flächenkonkreten Straßenplanung entsprechend in Anspruch genommen werden müssen, können daher im Enteignungsverfahren nur mehr die Erforderlichkeit der konkreten, gegen sie gerichteten Enteignungsmaßnahmen bestreiten sowie um die Höhe der Entschädigung kämpfen.

Angesichts dieser enteignungsrechtlichen Vorwirkung läßt sich die rechtliche Betroffenheit jener Grundstückseigentümer durch die flächenkonkrete Planungsentscheidung selbst nicht leugnen. Wiederum darf aber nicht übersehen werden, daß Straßen emissionsträchtige Planungsgegenstände sind, weshalb eine am Immissionsschutz orientierte Rechtsposition von Straßenanrainern nicht schon deshalb verneint werden kann, weil die Straßengesetze eine derartige Rechtsposition nicht ausdrücklich einräumen. Die Straßengesetze sind vielmehr im Hinblick auf die Rechtsprechung zunächst daraufhin zu

---

[103]) Vgl. dazu Fröhler-Oberndorfer, Bodenordnung (Anm. 21), S. 24 ff.; P. Pernthaler, Raumordnung (Anm. 2), IV B 3., S. 306 ff.

[104]) In: Vorwirkung (Anm. 23), S. 81 ff., 83.

[105]) P. Oberndorfer, Vorwirkung (Anm. 23), S. 83: „Die vom Gesetzgeber angeordnete Rechtswirksamkeit des Planes, sei es die Gestaltungswirkung des Bescheides, sei es die Normwirkung der Verordnung, bezieht sich eben gerade auf die nachfolgende Plandurchsetzung."

[106]) So die Erkenntnisse des Verwaltungsgerichtshofes VwSlg 8472 (A)/1973, 9049 (A)/1976 und 9156(A)/1976, sowie des Verfassungsgerichtshofes VfSlg 7769/1976, 8058/1977, 8059/1977, 8083/1977 und v. 27. 6. 1978, B 172/76 (= ZfVB 1978/6/2232).

analysieren, ob sie die förmliche Straßenplanung entsprechenden Planungsgesichtspunkten unterwerfen.

Mit Bundesgesetz v. 20. März 1975 (BGBl. 239) ist folgender Planungsgrundsatz in das Bundesstraßengesetz 1971 aufgenommen worden: „Bei der Planung und beim Bau von Bundesstraßen ist vorzusorgen, daß Beeinträchtigungen der Nachbarn durch den künftigen Verkehr auf der Bundesstraße soweit herabgesetzt werden, als dies durch einen im Hinblick auf den erzielbaren Zweck wirtschaftlich vertretbaren Aufwand ermöglicht werden kann, sofern nicht die Beeinträchtigung wegen der Art der Nutzung des der Bundesstraße benachbarten Geländes zumutbar ist." (§ 7 Abs. 2 Satz 1 BStrG 1971). Er geht auf eine Anregung des Rechnungshofes zurück, der in seinem Tätigkeitsbericht für das Verwaltungsjahr 1972, in dem das Bundesstraßengesetz 1971 erstmals voll zur Anwendung gekommen war, die Befürchtung geäußert hatte, „daß in Hinkunft Proteste gegen geplante Straßenbauten in vermehrter Zahl infolge der Kenntnisse über gesundheitliche Schädigungen und Belästigungen durch Emissionen (z. B. Abgase) und Lärm auftreten werden".[107]) Der Rechnungshof hatte dem Bundesministerium für Bauten und Technik empfohlen, „Richtlinien über den Schutz des Menschen und seiner natürlichen Umwelt gegen schädliche und lästige Einwirkungen, die sich aus dem Bau, der Erhaltung und der Benützung der Bundesstraße ergeben, zu erarbeiten und um deren gesetzliche Verankerung bemüht zu sein. Damit wäre nicht nur den Planenden im Straßenbau ein notwendiges Hilfsmittel zur zweckmäßigen Trassierung und Ausgestaltung der Straßen, sondern auch der Stadt- und Landesplanung eine wichtige Orientierungshilfe in die Hand gegeben". Durch die Aufnahme der „Umweltschutzklausel" in das Bundesstraßengesetz 1971 sollte also ein planerisches Verfahren gesichert werden, in dem die Beeinträchtigungen durch den künftigen Verkehr bei der Festlegung der Straßentrasse jedenfalls erwogen werden müssen. Es handelt sich dabei um keine Abwägung öffentlicher Interessen allein, sondern es müssen auch die Interessen der Nachbarn der geplanten Bundesstraße in die Abwägung einbezogen werden (arg.: „wegen der Art der Nutzung des . . . benachbarten Geländes zumutbar[e]" Beeinträchtigung). Damit sind unzweifelhaft die subjektiven Rechte der Nachbarn bezüglich der Nutzung der Liegenschaften angesprochen. Nach der Rechtsprechung der Gerichtshöfe des öffentlichen Rechts wären sie unter Schutz gestellt, wenn nicht der Bundesgesetzgeber ausdrücklich ausgeschlossen hätte, daß durch den nachbarschützenden Planungsgrundsatz subjektive Rechte begründet würden (§ 7 Abs. 2 letzter S. Bundesstraßengesetz 1971). Nach der in dieser Untersuchung vertretenen Auffassung müßte der Wille des Bundesgesetzgebers in einem Verordnungsprüfungsverfahren vor dem Verfassungsgerichtshof (dazu unter 3.2.3. lit. c) allerdings unbeachtlich bleiben, soweit verfassungsrechtlich verbürgte Rechte von den Immissionen der geplanten Bundesstraße bedroht wären. Solcherart geschützte Nachbarn wären entsprechend der Reichweite der verfassungsrechtlichen Eigentumsgarantie in Verbindung mit dem Gleichheitssatz jedenfalls die Eigentümer, die dinglich Berechtigten sowie die Mieter auf Liegenschaften in Immissionsreichweite[108]), falls die Immissionen wahrscheinlich das zumutbare Maß überschreiten und die Aufrechterhaltung der bisherigen Nutzung schwer beeinträchtigen wür-

[107]) Siehe 881 d. Beil. Sten. Prot. NR. XIII. GP., Abs. 78. 3 a) und 4 b).
[108]) Vgl. dazu auch 3.1.2. sowie den in § 4 Abs. 5 Bundesstraßengesetz 1971 genannten Kreis der an der Planung zu „beteiligenden" Personen.

den.[109]) Ihre prozessuale Rechtsposition braucht einfachgesetzlich nicht ausdrücklich begründet zu werden.

Aus dieser Sicht erscheinen auch die Bestimmungen der Straßengesetze der Länder, die die Parteistellung im Straßen-Baubewilligungsverfahren zu restriktiv einräumen, sowie ihre Auslegung durch die Gerichtshöfe des öffentlichen Rechts verfassungsrechtlich bedenklich (dazu eingehend unten 3.2.3. lit. b). Das negative Extrem bildet freilich die nicht-hoheitliche Straßenplanung nach dem Vorarlberger Straßengesetz. Als Folge des Fehlens einer rechtsförmlichen flächenkonkreten Planungsentscheidung haben nur die Eigentümer der zur Verwirklichung des Straßenbauvorhabens benötigten Liegenschaften die Möglichkeit, sich über die Enteignungsverfahren eine Rechtsposition gegenüber der Trassenplanung zu verschaffen (dazu auch nachfolgend 3.2.3. lit. a).

3.2.3. Zur Rechtsschutzgewährung

a) Zur Rechtsform:

Für die Konkretisierung der grundsätzlichen Entscheidung, eine bestimmte Straßenverbindung zu errichten, hinsichtlich des flächenkonkreten Verlaufs und der technischen Ausführung der Trasse hat der Bundesgesetzgeber im Bundesstraßengesetz 1971 die Verordnungsform gewählt. Diese Wahl bildet zwar im Vergleich zur vorangegangenen Rechtslage einen gewissen Fortschritt, war doch die konkrete Ausplanung der Bundesstraßen nach dem Bundesstraßengesetz 1948 als rein privatwirtschaftliche Agende des Bundes gestaltet.[110]) Solange allerdings mit ihr vom Gesetzgeber und von den Gerichtshöfen des öffentlichen Rechts ein im Vergleich zur bescheidförmigen Planfeststellung doch sehr beschränkter Rechtsschutz verknüpft wird, weckt sie verfassungsrechtliche Bedenken. Womit lassen sich die Trassen-Verordnungen rechtfertigen? Vieles spricht dafür, daß die unleugbare, bedeutende verkehrspolitische Funktion, der gesamtstaatliche Bezug der Bundesstraßenplanung, bereits auf der ersten Planungsstufe, mit der Entscheidung des Gesetzgebers gemäß § 1 Abs. 2 Bundesstraßengesetz 1971, „abgearbeitet“ wird. Die flächenkonkrete Festlegung der Straßentrasse könnte somit durchaus in einem bescheidförmig abzuschließenden Verfahren erfolgen.[111]) Für die Verordnungsform der Tras-

---

[109]) Zwar in anderem Zusammenhang, aber sicherlich allgemeingültig hat der Verfassungsgerichtshof bereits darauf hingewiesen, daß bei der Beurteilung der Zulässigkeit von Lärmimmissionen „die Anrainer nicht auf die Möglichkeit, die Fenster zu schließen, verwiesen werden (können)“ — vgl. das Erkenntnis v. 20. 12. 1977, Zl. 1765/76 (= ZfVB 1978/3/968).

[110]) So die sich aus §§ 4 und 12 bis 15 ergebende Konzeption des Bundesstraßengesetzes 1948; vgl. dazu auch G. Winkler, Gesetzgebung und Verwaltung im Wirtschaftsrecht (1970).

[111]) Die Einführung eines straßenrechtlichen Baubewilligungsverfahrens für Bundesstraßen hatte der Rechnungshof gleichfalls in seinem Tätigkeitsbericht für das Verwaltungsjahr 1972 angeregt (siehe Anm. 107): „In einem derartigen Verfahren, in dem alle Beteiligten das Recht hätten, gehört zu werden, und das mit einem objektiven Rechtsakt (Bescheid) abzuschließen wäre, könnten dann auch Belange des Umweltschutzes Berücksichtigung finden, wodurch die Interessen der betroffenen Bürger weitgehend geschützt, der Bund vor Fehl- oder Doppelplanungen bewahrt und wirtschaftliches Bauen gesichert wird . . . Rechte aus einem Straßenbaubewilligungsverfahren (z. B. Ladung, Gehör, Bescheid) (sind) auch den mittelbar Betroffenen (Anrainern) zuzuerkennen und damit jene Bevölkerungskreise von der Durchführung von Maßnahmen anzuhören, die in ihrer Lebensführung nachhaltig beeinflußt werden.“ Der Rechnungshof hatte insbesondere darauf hingewiesen, daß nachträgliche, durch Bürgerproteste ausgelöste Umplanungen wohl wesentlich teurer kommen als eine Planung nach vorheriger Abklärung mit allen Beteiligten.

senfestlegung können vor allem pragmatische Argumente ins Treffen geführt werden. Es ist zu bedenken, daß die Abhängigkeit von natürlichen Gegebenheiten bei bundesweiten Straßenzügen, insbesondere in der Konfiguration der Autobahn oder der Schnellstraße, besonders schwer wiegt und die Möglichkeit der Rücksichtnahme auf individuelle Nutzungsinteressen wohl sehr einschränkt. Das Argument, daß die Trassenlänge zu Massenverfahren führen müsse[112]), wiegt demgegenüber weniger schwer, weil es für deren Bewältigung de lege lata Beispiele gibt.[113]) Die Frage der Zulässigkeit der Verordnungsform der Trassenfestlegung von Bundesstraßen soll hier jedoch im Hinblick darauf, daß es durchaus Möglichkeiten des Abbaus der derzeit bestehenden Rechtsschutzdefizite gibt (dazu unten 3.2.3 lit. b), nicht weiter verfolgt werden.

Die nicht-hoheitliche Trassenplanung, wie sie das Vorarlberger Straßengesetz vorsieht, ist schlicht anachronistisch. Sie vermag den rechtsstaatlichen Ansprüchen, die auch an den Prozeß staatlicher Raumplanung gestellt werden müssen, in keiner Weise zu entsprechen, weil die im Enteignungsverfahren mögliche Planungskontrolle keinen zumutbaren Weg der Rechtsverfolgung bildet. Dazu kommt, daß die übrigen Planungsbetroffenen nie die Möglichkeit bekommen, ihre Rechte der Straßenplanung entgegenzuhalten.

An diesem Befund ändert auch das Recht der „Bürger oder Eigentümer von Grundstücken, die durch beabsichtigte Führung der Straße berührt werden", zu einem aufgelegten Entwurf der Trassenführung schriftliche Äußerungen zu erstatten (§ 29 Abs. 1 und 2 Vbg. Straßengesetz), nichts. Mangels verbindlicher Planfeststellung ist nicht gewährleistet, daß an sich rechtlich beachtliche Einwände überhaupt mit den öffentlichen Interessen an der Verwirklichung der Straßenplanung erwogen werden.[114]) Es ist zudem unrealistisch, anzunehmen, daß die Landesstraßenverwaltung mit der (teilweisen) Verwirklichung ihres Straßenbauprojektes zuwartet, bis auch über das letzte Enteignungsverfahren höchstgerichtlich abgesprochen worden ist. Sie wird vielmehr – unter Berufung auf das öffentliche Interesse an der konkreten Straßenverbindung, das durch generelle Norm ja dem Grunde nach bereits verbindlich festgestellt ist[115]) – auf den in ihren Besitz gelangten Grundstücken mit dem Straßenbau bzw. mit den vorbereitenden Arbeiten dazu beginnen. Damit werden aber gerade jene vollendeten Tatsachen geschaffen, die ein Durchschlagen stichhaltiger Einwände gegen eine bestimmte Trassenführung, die von Grundstückseigentümern legitim in den Enteignungsverfahren und im Zuge deren gerichtlicher Kontrolle vorgebracht werden, so unwahrscheinlich machen. Es darf nicht verwundern, wenn die Enteignungsbehörden, aber auch der Verfassungsgerichtshof, angesichts bereits „verbauter" Beträge von -zig Millionen Schilling die von der Straßenverwaltung faktisch konkretisierte Trassenführung kurzerhand als „ver-

---

[112]) Eine stichprobenartige Durchsicht der in den Monaten Jänner 1978 und Jänner 1979 kundgemachten Planungsverordnungen ergab, daß jeweils höchstens zwölf Kilometer Bundesstraßentrasse festgelegt wurden (vgl. BGBl. 16 und 59/1978, 5/1979); bei der Autobahnplanung erhöhen sich die Teilstrecken nur unwesentlich (vgl. BGBl. 460 und 511/1978, 71 und 85/1979).

[113]) In diesem Sinn auch P. Pernthaler, Raumordnung (Anm. 2), IV C 3., S. 390 ff.

[114]) In diesem Sinn auch Rill-Schäffer, Die Rechtsnormen für die Planungskoordinierung seitens der öffentlichen Hand auf dem Gebiet der Raumordnung (1975), S. 168 f.

[115]) Vgl. § 5 Abs. 1 Vgb. Straßengesetz und auch die Ausführungen unter 3.2.3. lit. a.

tretbar" qualifizieren.[116]) Die Rechtsschutzverheißung des Art. 5 StGG bleibt dabei allerdings auf der Strecke!

Es ist vielmehr der Auffassung Weyreuthers zuzustimmen, wonach es sich aus vielerlei Gründen empfehle, den enteignenden Zugriff von bestimmten Entscheidungselementen freizuhalten, diese gleichsam vor die Klammer zu ziehen und in ein vorgeschaltetes Verfahren mit verbindlichem Abschluß zu verweisen.[117]) Für diese Strukturierung des Straßenplanungsprozesses haben sich die übrigen Landesgesetzgeber entschieden.

b) Verfahrensrechtlicher Rechtsschutz:

Bei der verbindlichen Trassenplanung steht die rechtsgestaltende Wirkung einzelnen gegenüber eindeutig im Vordergrund: sobald die Planung verbindlich geworden ist, müssen die Eigentümer der Liegenschaften, die für die Planverwirklichung benötigt werden, ihr Eigentum in aller Regel aufgeben und müssen die immissionsbetroffenen Straßennachbarn eine allfällige Beeinträchtigung ihrer subjektiven Nutzungsrechte hinnehmen. Als Folge dessen erscheint es unabdingbar, daß alle in ihren Rechten möglicherweise Betroffenen im Sinne vorbeugenden verfahrensmäßigen Rechtsschutzes schon an der Trassenplanung mitwirken können. Wahrscheinliche Konflikte zwischen dem von der Straßenverwaltung geltend gemachten öffentlichen Interesse an einem bestimmten Straßenverlauf und rechtlich geschützten Individualinteressen können dann rechtzeitig gegeneinander abgewogen werden. Sind die Planungsfolgeverfahren, vor allem die Enteignungsverfahren, von jener grundsätzlichen Interessenabwägung befreit, dann lassen sich Friktionen in der Planungsverwirklichung vermeiden, ohne daß gleichzeitig Rechtsschutzeinbußen in Kauf genommen werden müssen. Setzt die Rechtsschutzeröffnung schon in der Phase der flächenmäßigen Konkretisierung des Programms, eine bestimmte Straßenverbindung herzustellen, ein, dann können die Planungsfolgeverfahren erforderlichenfalls auf Entschädigungsfragen beschränkt bleiben. Es ist auch durchaus vorstellbar, dann die Planverwirklichungsphase – etwa durch die Möglichkeit der vorläufigen Besitzeinweisung – zu beschleunigen.[118]) Voraussetzung dafür bildeten allerdings echte Mitwirkungsrechte im Planungsverfahren. Mehr noch als bei der Flächenwidmungs- und bei der Bebauungsplanung ist bei der Straßenplanung zu befürchten, daß das Recht, zum Entwurf einer flächenkonkreten Trassenverordnung und zu den Planunterlagen schriftliche Äußerungen einzubringen (§ 4 Abs. 5 Bundesstraßengesetz 1971), allein angesichts der umfangreichen Vorarbeiten[119]) i. d. Regel nur zu einer „Alibibeteiligung" führt. Auch wenn die Trassenfestlegung in Verordnungsform erfolgt, muß die Beteiligung der von der geplanten Straßenführung in ihren Rechtsposi-

---

[116]) So hielt der Verfassungsgerichtshof in seinem Erkenntnis VfSlg. 4476/1962 den Argumenten des Beschwerdeführers für eine bestimmte Trassenvariante glattweg die Begründung des angefochtenen Enteignungsbescheides entgegen und wies die Beschwerde ab.

[117]) In: Probleme der Rechtsprechung zum Enteignungsverfahren, in: DVBl. 1972, S. 93 ff., 97.

[118]) In diesem Sinn auch L. Fröhler, Sozialstaat und/oder Rechtsstaat?, in: Wirtschaft und Verwaltung 1976, S. 68 ff., 79 f.

[119]) Man denke an die notwendigen geologischen und hydrologischen Untersuchungen (vgl. § 16 Abs. 1 Bundesstraßengesetz 1971).

tionen bedrohten Bürger zu einem früheren Zeitpunkt einsetzen und mit effektiveren Mitteln versehen sein.[120])

Die besten Voraussetzungen für ausreichende Planungsbeteiligung sind wesensgemäß bei der bescheidförmigen Planfeststellung gegeben. Die landesstraßengesetzlichen Regelungen der Parteistellung in diesem Verfahren sind allerdings in ihrer Mehrzahl wenig präzise formuliert und durch eine Fehleinschätzung der tatsächlichen Rechtsgestaltungswirkung des Planfeststellungsbescheides gekennzeichnet. So sehen das OÖ. Landes-Straßenverwaltungsgesetz 1975 (§ 57 Abs. 1) und das Stm. Landes-Straßenverwaltungsgesetz 1964 (§ 47 Abs. 1) vor, daß im „Vorverfahren" vom beabsichtigten Straßenbau „die bekannten Anrainer und sonstigen Beteiligten durch besondere Mitteilung zu verständigen" sind, wobei „zugleich eine mündliche Verhandlung auf einen Zeitpunkt binnen zwei bis vier Wochen anzuberaumen" ist. In nunmehr ständiger Rechtsprechung interpretieren die Gerichtshöfe des öffentlichen Rechts diese und ähnlich vage Regelungen im Hinblick auf die enteignungsrechtlichen Wirkungen der Straßenbaubewilligung. Sie billigen den Grundstückseigentümern, deren Grundstücke der Planung entsprechend in Anspruch genommen würden, schon im Bewilligungsverfahren Parteistellung zu, damit sie in die Lage versetzt sind, das öffentliche Interesse am in der Detailplanung vorgesehenen Verlauf der Straßentrasse in Frage zu stellen.[121]) Diese Interpretation entspricht der Rechtsschutzverheißung des Art. 5 StGG und dem Gebot zeitgerechten Rechtsschutzes. Sie macht allerdings die unklare Formulierung der Landes-Straßengesetze um nichts weniger problematisch. Die mangelhafte oder fehlende gesetzliche Umschreibung der prozessualen Rechtsposition der Planungsbetroffenen im Bewilligungsverfahren ist dazu angetan, daß es die Grundstückseigentümer in Unkenntnis der höchstgerichtlichen Rechtsprechung versäumen, jenen entscheidenden enteignungsrechtlichen Einwand zum gegebenen Zeitpunkt, d. h. im maßgeblichen, eben im Bewilligungsverfahren vorzubringen.[122]) Der Ruf nach dem Gesetzgeber erscheint um so berechtigter, als auch die Parteistellung der nicht mit der Enteignung, jedoch sonstwie in ihren Rechten Bedrohten außer Streit gestellt werden sollte. Das Recht, am straßenrechtlichen Bewilligungsverfahren als Parteien beteiligt zu werden, kommt nach der Rechtsprechung der Gerichtshöfe des öffentlichen Rechts nämlich auch den künftigen Straßennachbarn, die etwa durch beachtliche Verkehrsimmissionen in ihrer Rechtssphäre berührt würden, zu, soweit das jeweils anzuwendende Landes-Straßengesetz Planungsgrundsätze enthält, welche a u c h Individualinteressen rechtlicher Natur schützen.[123])

---

[120]) Vgl. dazu auch die Ausführungen unter 3.1.3. lit. b. Wirksamen Rechtsschutz versprächen etwa Antragsrechte bezüglich der in § 7 Abs. 2 Bundesstraßengesetz 1971 offenkundig vorgesehenen Maßnahmen des Immissionsschutzes sowie vorgezogene Anträge auf Ausnahme von dem gesetzlichen Bauverbot beiderseits der Bundesstraßen gemäß § 21 Abs. 1 und 2 Bundesstraßengesetz 1971.

[121]) Vgl. dazu die in Anm. 106 angeführte Rechtsprechung sowie aus letzter Zeit die Erkenntnisse Verwaltungsgerichtshof v. 7. 4. 1978, Zl. 1024/76 (= ZfVB 1978/5/1883) und Verfassungsgerichtshof v. 1. 7. 1978, B 431, 432/77 (= ZfVB 1979/1/277).

[122]) Nicht wenige der angeführten höchstgerichtlichen Erkenntnisse bestätigen diese Vermutung: Anlaßfälle der zutreffenden Interpretation der Bewilligungsverfahren waren Enteignungsbescheide, so daß der Einwand der Beschwerdeführer, der Verlauf der Straßentrasse liege nicht im öffentlichen Interesse, von den Gerichtshöfen letztlich wegen Präklusion als unzulässig zurückgewiesen werden mußte.

[123]) § 6 Abs. 1 i. V. m. Abs. 3 NÖ. Landesstraßengesetz, § 57 Abs. 4 OÖ. Landesstraßenverwaltungsgesetz 1975, § 5 Abs. 1 Sbg. Landes-Straßengesetz 1972 und § 47 Abs. 3 Stm. Landes-Straßenverwaltungsgesetz 1964 ließen eine derartige Interpretation zumindest in bezug auf die „Anrainer" zu.

Das Sbg. Landes-Straßengesetz 1972 verschließt sich solcher verfassungskonformer Interpretation von vornherein. Das Gesetz stellt es zwar jedermann frei, während einer dreiwöchigen Kundmachung der Planungsunterlagen „vom Standpunkt seiner nachbarlichen Interessen Erinnerungen schriftlich bei der Gemeinde vorzubringen" (§ 6 Abs. 6 leg. cit.).[124]) Die Parteistellung im Straßen-Baubewilligungsverfahren ist aber ausdrücklich eingegrenzt: Parteien sollen neben dem Antragsteller nur die in Betracht kommenden Gemeinden sein; sie sind berufen, die öffentlichen Interessen der gefahrlosen Benützbarkeit der Straße und der örtlichen Verkehrsbedürfnisse zu wahren (§ 6 Abs. 7 leg. cit.). Die aufgrund der Planung mit der Enteignung bedrohten Liegenschaftseigentümer werden dadurch zur Verfolgung ihrer Interessen ausschließlich auf die nachfolgenden Enteignungsverfahren verwiesen, während die in ihren rechtlich geschützten nachbarlichen Interessen angesprochenen Planungsbetroffenen [124]) des erforderlichen Rechtsschutzes vollends verlustig gehen.
Entgegen der traditionellen Auffassung geht die vorliegende Untersuchung aber davon aus, daß die Regelung der Parteistellung in bestimmten Fällen der Disposition des (einfachen) Planungsgesetzgebers gänzlich entzogen ist. Berührt die flächenkonkrete Planungsentscheidung subjektive Rechte in ihrem verfassungsrechtlich geschützten Bereich, so sind auch die Träger dieser Rechte unmittelbar gemäß § 8 AVG am Planfeststellungsverfahren als Parteien zu beteiligen. Soweit sich die landesgesetzlichen Regelungen der Parteistellung nicht in diesem Sinne auslegen lassen, wären sie mit Verfassungswidrigkeit belegt. „Übergangene Parteien" könnten die Gerichtshöfe des öffentlichen Rechts zur Klärung zwingen!

c) Gerichtlicher Rechtsschutz:

Aus dem Erkenntnis VfSlg. 8058/1977 geht hervor, daß der Verfassungsgerichtshof nicht gewillt ist, bezüglich der Bundesstraßen-Trassenverordnungen eine Individualanfechtung gemäß Art. 139 Abs. 1 B-VG i. d. F. d. Novelle 1975 (BGBl. 302) zuzulassen, wenn „ein durchaus zumutbarer Weg" zur Verfügung steht, „über die Beschwerde an die Gerichtshöfe des öffentlichen Rechtes ... die Überprüfung der Gesetzmäßigkeit der Verordnung zu erreichen". Ein solcher Weg sei für die mit Enteignung Bedrohten mit dem Enteignungsverfahren eröffnet.

Die Fortsetzung seiner unter Art. 139 Abs. 1 B-VG a. F. entwickelten Spruchpraxis [125]) auch unter der neuen Rechtslage zeugt von einem bloß formalen Rechtsschutzverständnis. Es ist zwar zuzugestehen, daß die Verwirklichung der Trassenverordnungen in Form von Baumaßnahmen i. d. Regel nicht sofort erfolgt, doch gilt es zu bedenken, daß während der mehrjährigen Laufzeit eines Enteignungsverfahrens (einschließlich des Verordnungsprüfungsverfahrens!) auf

---

[124]) Solche Interessen der Nachbarn sind die Hintanhaltung der Gefährdung der Sicherheit von Personen in der Nachbarschaft der Straße, sonstiger erheblicher nachteiliger Auswirkungen auf den baulichen Bestand und auf benachbarte Grundstücke, Bauwerke, bauliche und sonstige Anlagen, insbesondere die Vermeidung von angesichts der Flächenwidmung übermäßiger Lärmbelästigung und Luftverunreinigung usw. (so § 5 Abs. 1 Sbg. Landes-Straßengesetz 1972).

[125]) Zuletzt in seinen Erkenntnissen VfSlg. 7469/1974 und 7769/1976 hielt der Verfassungsgerichtshof das in bezug auf die Trassenverordnung bestehende Rechtsschutzbedürfnis dadurch abgedeckt, daß der Gegner der beantragten Enteignung ohnehin im Verfahren vor den Gerichtshöfen des öffentlichen Rechts die Gesetzwidrigkeit der Verordnung geltend machen könnte.

den anschließenden Planungsabschnitten vollendete Tatsachen geschaffen werden können.[126]) Die rechtsstaatliche Forderung „je eher — desto besser" wird auch dadurch untermauert, daß vom Verfassungsgerichtshof ohnehin nur grobe rechtliche Fehler der Trassenplanung geahndet werden können. Die Prüfung der Trassenverordnungen wird dem Verfassungsgerichtshof in diesen Fällen kaum erspart bleiben, die restriktive Interpretation der Legitimation zur Individualanfechtung gemäß Art. 139 Abs. 1 B-VG n. F. mindert jedoch durch die zeitliche Verzögerung die Chancen der planungsbetroffenen Liegenschaftseigentümer, ihre verfassungsrechtlich geschützte Position zu behaupten, unter Umständen beträchtlich.

Den sonstigen durch die Verwirklichung einer Trassenverordnung in ihren Rechten bedrohten Straßennachbarn steht in der Regel kein anderer Weg der Rechtsverfolgung als die Individualanfechtung gemäß Art. 139 Abs. 1 B-VG n. F. zur Verfügung. Nach der in dieser Untersuchung vertretenen Auffassung der Unabhängigkeit ihrer prozessualen Rechtsposition vom Willen des Planungsgesetzgebers wäre somit etwa der in § 7 Abs. 2 Bundesstraßengesetz 1971 angesprochene Personenkreis anfechtungslegitimiert, wenn er die Verletzung verfassungsrechtlich gewährleisteter Rechte geltend machen kann (dazu eingehend oben 3.2.2.).

Der gerichtliche Rechtsschutz gegenüber der bescheidförmigen Festlegung der Straßentrassen wird von der Parteistellung im entsprechenden straßenrechtlichen Bewilligungsverfahren bestimmt. Dazu konnte an anderer Stelle dieser Untersuchung bereits festgestellt werden, daß nach der Rechtsprechung der Gerichtshöfe des öffentlichen Rechts nicht nur die mit der Enteignung bedrohten Liegenschaftseigentümer und dinglich Berechtigten, sondern auch jene Planungsbetroffenen, deren rechtliche Interessen bei der Erteilung der Bewilligung zufolge gesetzlicher Planungsgrundsätze mitzuberücksichtigen sind, Parteistellung genießen. Dementsprechend stünde der Weg zu den Gerichtshöfen nach dem Tir. Straßengesetz und nach dem Sbg. Landes-Straßengesetz 1972[127]) nur den Liegenschaftseigentümern und dinglich Berechtigten zu, nach dem NÖ., dem OÖ. und dem Stm. Landes-Straßenverwaltungsgesetz auch den „Anrainern".[128]) Die Inanspruchnahme der gerichtlichen Rechtmäßigkeitskontrolle durch die in ihren Rechten Betroffenen hinge also vom Willen des (einfachen) Planungsgesetzgebers ab! Diese Konsequenz läßt sich angesichts der Tatsache, daß damit auch über die Effizienz des bundesverfassungsrechtlichen Schutzes bestimmter qualifizierter Rechtspositionen entschieden würde, wohl kaum mit dem Hinweis auf die Autonomie der Landesgesetzgebung rechtfertigen. In dieser Untersuchung wird daher die Auffassung vertreten, daß die Träger verfassungsrechtlich geschützter Rechtspositionen — unabhängig von

[126]) W. Blümel, Raumplanung (Anm. 3), spricht von „Zwangspunkten" (S. 148 f.). Die Praxis der Teilstreckenplanung wirft spezielle Rechtsschutzprobleme auf, auf die in dieser grundsätzlich angelegten Untersuchung nur hingewiesen werden kann. Da die Teilstreckenplanung aus Gründen der Planungspragmatik wohl nicht aufgegeben werden kann, soll die Lösung ihrer Rechtsschutzproblematik einer gesonderten Untersuchung vorbehalten bleiben.

[127]) Nach den Regelungen dieses Gesetzes auch nur über die Enteignungsverfahren; die Liegenschaftseigentümer werden also gleichsam dazu gezwungen, Enteignungsverfahren anzustrengen, damit sie ihre Rechte gegenüber der zugrunde liegenden Planung wahren können — siehe dazu oben 3.2.3. lit. b).

[128]) Vgl. dazu oben Anm. 123.

den Regelungen des (einfachen) Planungsgesetzgebers – als Parteien im straßenrechtlichen Bewilligungsverfahren zuzulassen sind, wenn ihre qualifizierten Rechte durch die Trassenführung berührt werden. Die Rechtsverteidigung ist eben in diesen Fällen nur über die Anfechtung der bescheidförmigen Planfeststellung möglich.

4. Zusammenfassung

1. Staatliche Raumplanungen greifen auf der Stufe ihrer flächenkonkreten Festlegung – unabhängig davon, ob sie in Bescheid- oder in Verordnungsform erfolgt – in die Rechtssphäre einzelner ein. Dieser Eingriff ist trotz anschließender individueller Planungsfolgeverfahren als „unmittelbar" zu qualifizieren, weil die flächenkonkrete Festlegung bereits „auf Vollzug angelegt" ist und zufolge ihrer Rechtsförmlichkeit in den Planungsfolgeverfahren nicht mehr zur Disposition steht. Soll der Konfrontation der Rechtsschutz Suchenden mit „vollendeten Tatsachen" vorgebeugt werden, so muß **der Individualrechtsschutz bereits gegenüber den flächenkonkreten Planungsentscheidungen** eröffnet werden.

Diese Erkenntnis ist vor allem für jene Planungsbereiche bedeutsam, in denen die flächenkonkreten Planungsentscheidungen in Verordnungsform verbindlich werden (z. B. die Flächenwidmungs- und Bebauungsplanung der Gemeinden, die Festlegung der Bundesstraßen-Trassen). Jene Planungsverordnungen sind unmittelbar wirksam werdende Verordnungen im Sinne von Art. 139 Abs. 1 B-VG i. d. F. d. Novelle 1975 (BGBl. 302) und daher einer Individualanfechtung grundsätzlich zugänglich. Ihre Eigendynamik schließt es aus, die in ihren Rechten Betroffenen auf etwaige Planungsfolgeverfahren zu verweisen.

2. Das Recht, der Beeinträchtigung subjektiver Rechtspositionen durch staatliche Raumplanungen rechtzeitig zu begegnen, hängt nicht davon ab, ob von den Planungsgesetzgebern eine entsprechende prozessuale Rechtsposition eingeräumt worden ist oder nicht. Nach der Rechtsprechung der Gerichtshöfe des öffentlichen Rechts besteht ein derartiger Abwehranspruch auch aufgrund allgemeiner gesetzlicher Entscheidungskriterien, wenn sie neben der Wahrung öffentlicher Interessen zugleich die Beachtung der Interessen der Träger entsprechender subjektiver Rechte intendieren und diese subjektive Komponente vom Gesetzgeber nicht ausdrücklich ausgeschlossen worden ist. Darüber hinausgehend gibt die Untersuchung zu bedenken, daß **die Verteidigung subjektiver Rechte, soweit sie verfassungsrechtlichen Schutz genießen, unabhängig vom Willen der (einfachen) Planungsgesetzgeber möglich sein muß.** Andernfalls wäre die Rechtsschutzverheißung, die mit der verfassungsrechtlichen Gewährleistung untrennbar verbunden ist, doch zu sehr relativiert.

3. Den in der vorliegenden Untersuchung näher analysierten Bereichen staatlicher Raumplanung ist es wesenseigen, daß sie die Umweltverhältnisse im Planungsgebiet, aber auch darüber hinaus, in rechtlicher und faktischer Hinsicht verändern – sei es aufgrund eines umfassenden Gestaltungsanspruches (bei der Flächenwidmungs- und Bebauungsplanung), sei es aufgrund der Emissionsträchtigkeit des Planungsobjektes (bei der Planung von Bundes- oder Landesstraßen). Der Kreis der in ihren rechtlichen Interessen möglicherweise betroffenen Bürger beschränkt sich daher keineswegs auf die Eigentümer bzw. dinglich Berechtigten der in die Planung einbezogenen Liegenschaften. Ein akutes Rechtsschutzbedürfnis können auch die Eigentümer bzw. dinglich Berechtigten benachbarter Liegenschaften, Mieter oder die Betreiber umweltbelastender Betriebe geltend machen, soweit ihre rechtliche Situation durch die flächenkonkrete Planungsentscheidung unzumutbar beeinträchtigt würde. Der verfassungsrechtliche Schutz aufgrund der Eigentumsgewährleistung bzw. durch das Gleichbehandlungsgebot verschafft auch diesen Planungsbetroffenen – unabhängig von der Regelung des (einfachen) Planungsgesetzgebers – die prozessuale Rechtsposition.

4. Gleiches gilt für den Anspruch, am Planungsverfahren beteiligt zu werden. Zentrale Norm ist § 8 AVG. Dieser Bestimmung zufolge ist Partei des Verwaltungsverfahrens mit individuellem Adressatenkreis, wer „an der Sache" vermöge eines Rechtsanspruches oder eines rechtlichen Interesses beteiligt ist. **Entscheidend ist daher allein, ob durch die Planungsentscheidung eine subjektive Rechtsposition betroffen sein könnte** oder nicht. Die traditionelle Auffassung, derzufolge die Parteistellung durch die Planungsgesetze eingeräumt sein müßte, ist demgegenüber abzulehnen.

Dieses Ergebnis gilt zwar in bezug auf die Parteirechte, die das AVG gewährt, nur für flächenkonkrete Planungsentscheidungen in Bescheidform („bescheidförmige Planfeststellung"). Hinsichtlich des grundsätzlichen Anspruchs auf echte Beteiligung am Planungsverfahren ist es jedoch **auch in den Fällen der flächenkonkreten Planungsverordnungen** beachtlich. Deren Regelungsgehalt entspricht nicht mehr dem herkömmlichen Bild der Verordnung, sondern zeigt so starke individualrechtsgestaltende Züge („rechtliche Vorwirkungen"), daß die Annahme unmittelbarer Wirksamkeit gegenüber einzelnen gerechtfertigt ist. Die These, daß der Gesetzgeber bei der Wahl der Rechtsform flächenkonkreter Planungsentscheidungen frei sei, ist nur dann von Verfassungs wegen unbedenklich, wenn mit der Verordnungsform keine essentiellen Minderungen des verfahrensmäßigen Rechtsschutzes verbunden sind.

De lege lata ist den von Flächenwidmungs- oder Bebauungsplänen sowie von einer Bundesstraßen-Trassenverordnung in ihren Rechten betroffenen Bürgern nur das Recht eingeräumt, zum Entwurf der jeweiligen Planungsverordnung bzw. zu den technischen Unterlagen Stellung zu nehmen. Die „Beteiligung" setzt nicht nur zu spät ein, sondern ist auch materiell ungenügend. Wirksamer verfahrensrechtlicher Schutz der Planungsbetroffenen verlangt, daß sie schon im Entwurfsstadium mit den konkreten Planungsabsichten vertraut gemacht und daß ihnen zumindest die substantiellen Beteiligungsrechte zuerkannt werden.

SCHRIFTENREIHE „KOMMUNALE FORSCHUNG IN ÖSTERREICH“

Die „Kommunale Forschung in Österreich“ ist die gemeinsame Schriftenreihe des Instituts für Kommunalwissenschaften und Umweltschutz (Linz), des Instituts für Stadtforschung (Wien) und des Kommunalwissenschaftlichen Dokumentationszentrums (Wien).

Die Gemeinde im Spannungsfeld des Sozialstaates

Von Ludwig Fröhler unter Mitarbeit von Peter Oberndorfer
Linz 1970. 111 S. Kart. S 86.90, DM 14.—.

Die Festsetzung der Pflegekostenersätze nach der Krankenanstaltengesetzgebung

Von Ernst Kubin
Linz 1970. Kart. S 20.—, DM 5.—.

Reform des Finanzausgleiches aus der Sicht der Gemeinden

Referate und Diskussionsbeiträge von Stefan Demuth, Ludwig Fröhler, Franz Hillinger, Rolf Krumsiek, Friedrich Lechner, Otto Schweda, Erwin Wenzl, Hubert Zeitlhofer u. a. Herausgegeben vom Institut für Kommunalwissenschaften Linz
Linz 1971. 62 Seiten, Kart. Unentgeltlich.

Gemeinderecht und Gemeindewirklichkeit

Von Peter Oberndorfer
Linz 1971, 320 Seiten, Kart. S 110.—, Leinen S 130.—, DM 20.—.

Kommunale Finanzen 1960 bis 1968

Von Helfried Bauer und Egon Matzner
Linz 1971. 120 Seiten, Kart. S 100.—. Leinen S 120.—, DM 18.—.

Soziale Sicherung

Von Rudolf Strasser und Kurt Hillinger
Linz 1971. 160 Seiten, Kart. S 160.—, Leinen S 180.—.

Seit September 1971 erscheinen die Veröffentlichungen der Schriftenreihe „Kommunale Forschung in Österreich“ einheitlich gestaltet bei der Jugend und Volk, Verlagsges. mbH., Wien — München

Die mittelfristige Finanzplanung

Zweck und Verfahren der Erstellung mittelfristiger Finanzpläne in den Gemeinden
Von H. Bauer
Wien 1971. 64 Seiten, Kart.

Wirtschaft und Finanzen österreichischer Städte

Von E. Matzner zusammen mit H. Bauer, F. Butschek, G. Pöll, A. Stanzel und G. Thury
Wien 1971.

Möglichkeiten und Grenzen der Kommunalverschuldung in Österreich

Von E. Weissel
Wien 1971. 136 Seiten.

Aktuelle Probleme der Heimerziehung — mit Ergebnissen der Wiener Heimkommission

Von W. Spiel, G. Fischer, J. Grestenberger, M. Heitger, W. Strzelevicz, O. Wilfert

Probleme der Stadtassanierung und Bodenbeschaffung

Von J. Moser, U. Zech, L. Fröhler
Referate und Diskussionsbeiträge aus der Linzer Kommunalwissenschaftlichen Tagung vom 5. Mai 1972
Linz 1972. 52 Seiten, Kart.

Zur Frage der Tarifgestaltung der öffentlichen Personen-Nahverkehrsunternehmungen

Von E. Matzner und M. Novy
Wien 1973.

Der Gemeindehaushalt

Voranschlag — Rechnungsabschluß — Rechnungswesen
Von K. Saindl
Wien 1972. 144 Seiten.

Die Gemeindeaufgaben und ihre Finanzierung

Das zentrale Problem der Kommunen
Von E. Kubin
Linz 1973. 344 Seiten. Kart.

Öffentliche Wohnbauförderung und Bodenordnung

Von L. Fröhler
Linz 1973. 48 Seiten, Kart.

Bodenmarkt und Bodenpolitik in Städten

Conditt, Mastalier, Pongratz, Rath, Sperch
2 Bände

Örtliche und überörtliche Raumplanung in Österreich

Von Rill und Schindegger

Umweltprobleme
(aus österreichischer, schweizerischer und deutscher Sicht)
Hillinger, Kreisky, Pindur, Jagmetti, Heigl, Nowotny
Linz 1974. 108 Seiten, Kart.

Kommunales Dienstrecht
Rechtsquellensituation — Inhaltsvergleich
Von K. Grillberger, R. Strasser
Linz 1974. 76 Seiten, Kart.

Kommunale Investitionen 1973 — 1976
Von K. Goschler und F. Klug
Linz 1974. 72 Seiten, Kart.

Arbeitnehmerinteressen in der Raumplanung
Von F. Fürstenberg, B. Scheuringer, K. Fink
Linz 1974, 100 Seiten, Kart.

Recht und Organisation der Kommunalwirtschaft
Von L. Fröhler und P. Oberndorfer
Linz 1974. 136 Seiten, Kart.

Kommunale Entwicklungsplanung
Von E. Kubin und R. Krumsiek
Linz 1975. 52 Seiten, Kart.

Umweltschutz und Kommunalwirtschaft
Von E. Nowotny
Linz 1975. 184 Seiten, Kart.

Bodenordnung und Eigentumsgarantie
Von L. Fröhler und P. Oberndorfer
Linz 1975. 80 Seiten, Kart.

Der Rechtsschutz im Planungs- und Assanierungsrecht
Von L. Fröhler und P. Oberndorfer
Linz 1975. 72 Seiten, Kart.

Kompetenzrechtliche Hemmnisse der Raumordnung
Von L. Fröhler und E. Wolny
Linz 1975. 72 Seiten, Kart.

Die Kultur- und Bildungsorganisation im Erwachsenensektor, Vergleich Linz - Ulm
Von F. Fürstenberg und B. Scheuringer
Linz 1976. 164 Seiten, Kart.

Ausgewählte Rechtsprobleme des Umweltschutzes
Herausgegeben von L. Fröhler und H. J. Pindur
Linz 1976. 150 Seiten, Kart.

Orientierungshilfe zur Strukturverbesserung der Gemeinden in Oberösterreich
Von L. Fröhler
Linz 1976. 66 Seiten, Kart.

Eigentumsbegriff und Bodenordnung im historischen Wandel
Von U. Floßmann
Linz 1976, 156 Seiten, Kart.

Privatrecht und Umweltschutz
Herausgegeben von R. Strasser
Linz 1976, 191 Seiten, kart.

Der Planwertausgleich als Instrument der Bodenordnung
Von L. Fröhler und P. Oberndorfer, unter Mitarbeit von B. Binder
Linz 1977, 96 Seiten, Kart.

Umweltschutz als Aufgabe der Gemeinden
Von A. Haiden und R. Buchegger
Linz 1977, 52 Seiten, Kart.

Kommunale Investitionen und deren Finanzierung
Von H. Bauer, E. Brandstetter und K. Goschler
Linz, 1977, 84 Seiten, Kart.

Möglichkeiten der interkommunalen Zusammenarbeit in Österreich
Von H. Bauer und K.-H. van Kaldenkerken
Linz, 1977, 48 Seiten, Kart.

Perspektiven des oberösterreichischen Arbeitsmarktes 1975 — 1985 — 2000
Von A. Bernfeld und O. Lackinger
Linz, 1977, 136 Seiten, Kart.

Anschluß- und Benutzungszwang bei der Fernwärmeversorgung
Von L. Fröhler und E. Wolny
Linz 1977, 104 Seiten, Kart.

Privater Konsum und Kommunalwirtschaft
Von R. Buchegger und G. Pöll
Linz, 1977, 214 Seiten, Kart.

Stadterneuerung durch Wohnbauförderung und Wohnungsverbesserung
Von L. Fröhler und P. Oberndorfer
Linz 1978, 60 Seiten, Kart.

Die Aufgaben der Gemeinden und ihre Finanzierung
Von R. Bartl und H. Horny
Linz 1978, 44 Seiten, Kart.

Nachbarrechtliche Ansprüche als Instrument des Umweltschutzes
Von P. Jabornegg und R. Strasser
Linz 1978, 188 Seiten, Kart.

Zur gesetzlichen Regelung von Umweltstandards
Von R. Buchegger
Linz 1978, 56 Seiten, Kart.

Privatisierung kommunaler Aufgaben?
Herausgegeben von Ludwig Fröhler und Ernst Kubin
Linz, 1978. 62 Seiten, Kart.

Ökonomische und rechtliche Fragen der Abfallbehandlung
Herausgegeben von L. Fröhler und H. J. Pindur
Linz 1978, 94 Seiten, Kart.

Positivplanung und Eigentumsrecht
Von L. Fröhler und P. Oberndorfer
Linz 1979. 80 Seiten, Kart.

Der Eigentumsschutz im sozialen Rechtsstaat
M. Floßmann
Linz 1979, 176 Seiten, Kart.

Die Bedeutung der Grundsteuer für die kommunalen Finanzen
Von O. Lackinger
Linz 1979, 64 Seiten, Kart.

Kommunale Umweltschutzmaßnahmen im internationalen Vergleich
Von E. Kubin, P. Oberndorfer und W. Pichler
Linz 1979, 200 Seiten, Kart.

Privatisierung öffentlicher Aufgaben
Von L. Fröhler und E. Kubin
Linz 1979, 212 Seiten, Kart.

Zur zentralörtlichen Funktion von Spitalstandorten
Von O. Lackinger
Linz 1979, 24 Seiten, Kart.

Finanzierung der städtischen Verkehrsbetriebe in Österreich
Von H. Bauer und W. Huber
Wien 1979, 214 Seiten, Kart.

Rechtsschutz bei „vollendeten Tatsachen"
Herausgegeben von L. Fröhler und Herb J. Pindur
Linz 1980, 96 Seiten, Kart.